タッパーではじめる高加水パン

松尾美香

柴田書店

はじめに

「パンづくりをはじめたいけれど、忙しくて時間がとれない」
「どうせなら本格的な味わいのパンをつくりたい」
そんな方にぴったりなのが水分量の多い高加水生地のパンです。

ベタベタとして扱いにくい段階はタッパーの中で、
その後の低温長時間発酵は、冷蔵庫に入れたままでOK。
手軽なのに、噛みしめるほどに味わい深いパンができ上がります。

パンが焼き上がるまではトータルで2日かかりますが、
1回の作業は短く簡単なので、忙しい方はもちろん、
はじめてパンをつくる方にもおすすめの製法です。

まずはp.18〜「基本のブール」をつくってみてください。
基本的な作業と生地の扱い方、オーブンからの出し入れなど、
細かい「こつ」が詰まっていますので、ここからはじめてみましょう。

基本のブールで大よその流れをつかんだら、次はお好きなものを。
ブールのバリエーションから、味わい深いハード系のパン、
誰もが食べやすいふんわり食感のパンや、甘いおやつパンまで、
掲載したほぼすべてのパンが、同じ工程でつくることができます。

パンは生き物です。
同じようにつくっても、でき上がりは毎回少しずつ違います。
ぜひ皆さんも、つくりはじめから完成までの生地の変化を、
手や目、香りなどの五感で感じとりながら、
対話するようにパンづくりを楽しんでください。
本書がその一助となることを願っています。

2024年12月

松尾美香

もくじ

はじめに 003

この本のパンづくり 006

材料と道具について 010

もっとおいしくなる「こつ」 012

1.
基本のブールとバリエーション

基本のブール 018

バゲット 030

プチパン 038

カシューナッツとチーズのブール 042

オニオンとコーンのエピ 045

マカダミアナッツとショコラのプチパン 048

2.
ハード系パン

カンパーニュ 052

カンパーニュ・フリュイ 056

ロデヴ 062

ペイザン 066

リュスティック 071

3.
ソフト系&甘いパン

バターロール 076

テーブルロール 080

白パン 082

フォカッチャ 086

ベーグル 090

コーヒーマーブルツイスト 096

コーヒーマーブルロール 102

アーモンドクーヘン 106

オレンジとクリームチーズの紅茶パン 108

大納言ときな粉 112

生地の丸めと成形 114
丸形(大)／バゲット／生地の移動1、2／
たわら形／円柱形／長丸(小)1、2

その他の道具と材料 122

工程一覧表 124

ベーカーズパーセント 126

パンづくりの前に
・小さじ1は5ml(mL)、大さじ1は15ml、
1mlは1ccです。
・工程の途中の「＊」は、オーブンの予熱
やキャンバス地の準備などに適したタイミ
ングを示したものです。
・本書掲載のレシピは家庭用電気オーブ
ンを想定した焼き方・温度・時間です。ガ
スオーブンや業務用オーブンの場合は、
焼き加減を見ながら適宜調整してくださ
い。また、いずれのオーブンでも取扱説明
書をよく読み、高温になるので注意して扱
いましょう。
・本書で使う材料と道具はp.112～に記
載しています。1章(基本のブールとバリエーシ
ョン)で使用し、とくに説明が必要なものは
p.10～にまとめています。

動画について
生地の丸めや成形方法のうち一部は動
画による解説が付いています。該当の
webアドレスを入力するか、スマートフォ
ンやタブレットでQRコードを読み込むこ
とで、解説動画を視聴できます。
※動画視聴の際にかかる通信費等はお
客さまのご負担となります。また、パソコン
やスマートフォン、タブレットの機種によっ
ては視聴できない場合があります。動画
の提供は予告なく終了することがあります
ので、ご了承ください。

デザイン
三木俊一(文京図案室)

撮影・スタイリング
ローラン麻奈

調理アシスタント
植木智子、坂巻由季子、小幡由美、富田瞳子

編集
池本恵子(柴田書店)

協力
株式会社富澤商店
https://tomiz.com/

この本のパンづくり

１日目はタッパーひとつで

材料を混ぜるところから、一次発酵まではタッパーひとつで完結します。個別に粉をふるったり、材料の温度を調整する必要はありません。ほぼすべてのパンが、１日目は材料を計量して混ぜるだけ。素手で生地に触れることもなく、洗い物が少ないので手軽にスタートできます。

材料を混ぜたら、こんなふうに生地の一部をゴムベラにひっかけるようにして、ゆっくりと持ち上げます。切れる直前まで伸ばしたら、そのまま折りたたむようにして元の位置へ。この「ストレッチ」と名付けた作業を時間をおいて数回くり返すことで、長くて強いグルテンをつくります。本当においしい、焼いてから2〜3日後も固くならないパンは、この工程こそが肝。

ゴムベラで生地を伸ばす

ゆっくり低温・長時間発酵

生地を伸ばす工程を終えたら、室温＋冷蔵庫で17〜24時間かけて発酵させます。時間はかかりますが、この間の作業はありません。でき上がった生地は、搗きたてのお餅のようにやわらかく、みずみずしい感触。長時間発酵により、複雑な香りとうまみが醸成されます。

家庭用の電気オーブンでも外はパリッと、中はふっくらとしたおいしいパンが焼けます。ポイントは焼成方法。とくにハード系のパンは下火（下からの加熱と蓄積温度）が重要なので、家庭用オーブンの場合は天板を入れた状態で、そのオーブンの「最高温度」で予熱します（詳細はp.015）。また、いくつかのパンは焼きはじめにスチームを入れますが、なければ霧吹きなどで代替できます。

オーブンは最高温度で予熱

材料と道具について

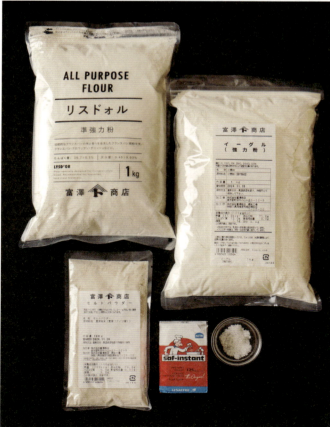

タッパー
内径が約10cm立方の蓋付きタッパー（プラスチック製密閉容器）を使います。一次発酵ではしっかりと生地の「高さ」を出すことが重要なので、できるだけ指定のサイズに近い容器を使ってください。底面積が広いタッパーでは、生地が横に広がりながら上方向に膨らむため、生地の力が弱くなることがあります。本書で使用したタッパーは100円均一ショップや無印良品などで購入しました。

小麦粉
「リスドォル（準強力粉、日清製粉）」と「イーグル（強力粉、ニップン）」をメインに使います。粉は種類や銘柄により吸水率が異なるため、本書のパンづくりに慣れるまでは指定の粉を使ってください。

インスタントドライイースト
インスタントドライイーストは予備発酵の必要がなく、そのまま粉と合わせて使えて便利です。この本ではサフ社の赤ラベル、通称「赤サフ」を使います。開封したら冷蔵庫、または冷凍庫で保存します。

塩
「沖縄の塩 シママース」を使っています。できれば精製塩ではなく、海水由来などミネラル分の多い塩を選んでください。

モルトパウダー
乾燥させた麦芽をパウダー状に挽いたもので、おもにハード系パンの色づきや窯伸びをよくする効果があります。焼き色はやや淡く仕上がりますが、入れなくても問題ありません。

その他の道具

「ふきん」は約24cm四方、「ボウル」は直径15cmです。

「オーブンシート」は耐水・耐熱性を備えた敷き紙で、パンをのせたり、ハード系パンではパンの上にかぶせて焼きます。テフロンなど専用の加工がされたものはくり返し使えます。

「板(写真上・中)」はオーブンからパンを出し入れするときの必需品です。天板の内寸に近いサイズが使いやすく、この板を滑り込ませることで、高温になった天板自体を動かすことなく、またオーブンの奥まで手を入れずに済むので安全に作業ができます。このほかにキャンバス地やオーブンシートで生地を発酵させるときの敷板としても使います。厚手の段ボール紙で代用できます。

「クープナイフ」はパンの表面に切り込みを入れる専用ナイフです。ビクトリノックス社のものが丈夫で扱いやすく、おすすめです(使い方はp.014)。

「生地とり板(写真下・中央)」は約10×30cm長方形の板(または段ボール紙)にストッキングをかぶせてつくります。発酵後の生地に負担をかけず、形を保ったまま移動させるのに便利です。

「キャンバス地」はパンマットとも呼ばれる厚手の布(帆布)で、この上でパン生地をやすませたり、発酵させます。適度な粗さで高加水の生地でもべたつかず、また乾燥も防いでくれる優れものです。生地が横にダレないようにひだを寄せて使用します。汚れたら洗いましょう。

＊上記以外の材料と道具はp.122へ

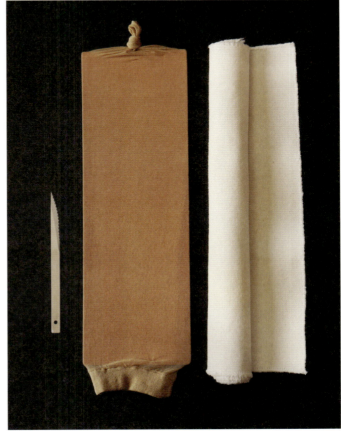

もっとおいしくなる「こつ」

ストレッチ

この本では、ゴムベラに生地をひっかけてゆっくりと持ち上げ、しっかりと伸ばす工程が出てきます。この作業を「ストレッチ」と名付けました。はじめに生地をしっかりと伸ばすことで、こねなくても長くて丈夫なグルテンが形成され、焼いてから数日後も固くならない、おいしいパンが焼けます。この作業はミキシングの後半と、そのあとのパンチ（生地の強化）で数回行ないます。伸ばす回数はパンごとに異なるので、必ず指定の回数を守ってください。ストレッチのときはできるだけムラなく生地全体を伸ばすように、タッパーを少しずつ回して、一度に1/4量くらいを持ち上げるといいでしょう。最後のストレッチを終えたら、生地の上面ラインに合わせて、容器の側面にテープなどで印を付けておくと、どのくらい発酵が進んだかがひと目でわかり便利です。

一次発酵

最後のストレッチを終えたの生地は、タッパーの中でゆっくりと時間をかけて発酵させます。一般的に、約13時間で粉の芯まで水分が浸透し、17時間で粉のうまみが出てくるので、最短でも17時間は発酵時間をとりましょう。室温（22〜24℃）と冷蔵庫（0〜5℃）におく時間を合算して、一次発酵を17〜24時間としています。生地は指定された膨倍率（こね上がった生地を1としてどのくらい膨らむか）の少し手前まで室温におき、その後は冷蔵庫で低温発酵させます。室温におく時間は、夏は1〜2時間、冬は4〜5時間ほどが目安です。具体的にどのくらい発酵させるか（膨らませるか）はp.023を参照してください。作業する環境や室内温度、また冷蔵庫内の温度や扉の開閉頻度によっても発酵のスピードは変わるため、はじめのうちは生地をよく観察しましょう。パンは温度が高いほど早く発酵が進むので、指定の時間よりも前に膨倍率に達するようなら、次回からは早めに冷蔵庫に移します。また、発酵時間は多少延びても（36時間くらいまで）大丈夫です。ただし、生地がゆるくなって扱いにくいのと、焼き色がやや淡くなります。

生地の扱い

一次発酵を終えた生地はやわらかくデリケートなため、やさしく扱います。取り出すときはタッパー側面と生地の間にカードを挿し入れて（4辺とも）、タッパーごと返して生地自体の重さで落ちてくるのを待ちます。高いところから乱暴に落とすと、ガスが抜けて生地が沈んでしまいます。台の上3cmくらいのところでタッパーを持つようにするといいでしょう。

分割と計量

効率的に生地を分割・計量する方法をおぼえておくと、生地を傷めず、作業スピードも上がります。はじめに生地を「棒状」にします。タッパーから出した生地は、カードで手前中央から2/3くらいまでを切り、そのまま左右に開いて横一文字の棒状に整えて、これを端から切っていきます。

計量のポイントは「グラム (g) でカット」。たとえば、1個74gに5分割する場合、おおよその目分量で生地の1/5を切り出して計量します。74gに足りなければ残りから少し足し、多ければ切り取って減らします。そうして1個目を正確に計量したら、その大きさを基準に残りを一つずつカットして計量・調整します。最後の1個の重さが足りないときは、先に計量したものから少しずつ足し、逆に最後の1個が重いときは、オーバーした分を均等に分けて全部に足します。切り分けてから重さを合わせようとすると何度も計量することになりますが、最初からグラム（重量）で分割すると計量はほぼ1回ずつで済むので、慣れるとこの方法が楽になります。

打ち粉

生地や作業台には打ち粉を多めにふります。打ち粉は材料と同じ粉（ふすま分の入っていない白い粉）で、一次発酵のタッパーの生地表面にまぶすのは5〜8g、成形時にふるのは3〜5gが目安です。生地を折りたたんだり、丸めたりする際に、粉がまとまって生地の内側に入り込むのは避けたいですが、外側であれば、最終的にはらって落としてしまうのでたっぷりふって大丈夫です。生地がベタベタと手につかなければ、水分量の多い生地もラクに扱えるようになります。

013

クープ

クープは見た目の美しさだけでなく、切り込み部分から水分が蒸発するとともに生地が膨らんで(窯伸びして)、火の通りをよくする役目があります。クープナイフは柄の後方ではなく中心を持ち、上から切り込むのではなく、ひじをスーッと引くようにするとスムーズに切れます。

フィンガーテスト

最終発酵の状態は、フィンガーテストで確認します。人さし指に打ち粉をつけ、生地の横面をそっと押したときに指の跡が残る、もしくはゆっくり戻れば発酵完了です。すぐに戻るときは発酵不足なので、さらに数分間追加します。再度フィンガーテストをするときは、同じ場所で行なってください。打ち粉の量が多い、または強く押しすぎると、焼き上がりに打ち粉や指の跡が残ってしまうことがあるので気をつけましょう。

カットと食べごろ

オーブンから出したばかりのパンは、すぐに食べずにぐっとがまんです。本書に掲載したパンは水分量が多いため、焼成直後はパンの水分が充分に抜けきれていません。焼きたてを食べると生っぽく感じたり、ナイフにベタっとした生地が付くことがあります。必ずしっかりと冷ましてからカットし、食べるようにしてください。それがいちばんおいしい状態です。それでも生っぽく感じる場合は、焼成時に水分が抜けきれていない可能性があります。次回からは予熱時間をさらに長くとり、焼成温度を上げてみましょう。また、水分量の多いパンはカビにも要注意です。夏だけでなく、冬など朝晩の気温差が大きい季節も発生しやすいので、できるだけ早く食べきり、残りは冷蔵庫で保管します。その際、冷蔵庫から出したばかりのパンは固く感じることがあるので、室温に戻してから食べましょう。

焼成

本書に掲載したパンは、すべて家庭用の電気オーブンで焼いています。ポイントさえ押さえればきれいに焼けますので、ぜひ挑戦してみてください。専門店の業務用オーブンと家庭用との最大の違いは「火力」です。とくにハード系のパンは、立ち上がりの強い火力と下火が重要なので、前もって天板を熱することで下火の役目を補っています。庫内を充分に温めるのはもちろん、天板を熱くすることがもっとも重要です。

一般的なオーブンの「予熱機能」では、庫内の一部しか指定温度に達しません。そこでオーブンに天板を入れ、そのオーブンの最高温度（250～300℃）で40～50分間熱します。これでようやく天板と庫内が指定の温度に近づきます。一定時間を経過すると230℃に制御される機種もありますが、そのまま予熱し続けてください。オーブンの最高温度が250℃で、それ以上の高温で焼くレシピの場合も、同じように天板を入れて250℃で予熱・焼成します。また、レシピに「スチーム」の指定があるものは、焼きはじめの数分間、オーブンのスチーム機能を作動させます。スチーム機能がない場合は、バッドなどに入れた小石やタルトストーンに熱湯（50ml）をかけるか、霧吹きで庫内の天井に向かってたっぷりと水を吹きかけてください。オーブンの温まり具合で、パンの焼き色に差が出ることがあります。焼き上がり時間の5分前に、表面の焼き加減を確認して、焼き色が淡いようなら温度を10～20℃上げてみましょう。このとき、できれば焼成時間は変えずに、温度（上げるか下げる）で調整します。もし、焼き色がほとんどついていない場合は、同じ温度で焼き続けます。何度か焼くうちにオーブンのクセや最適な焼成温度がわかってきます。

1 基本のブールとバリエーション

基本のブール

まずは、このブールからつくってみましょう。
はじめてでも無理なくできるよう、改良を重ねてきたレシピです。
手軽なのに本格的な味わいで、小麦の香りが際立ちます

材料

直径18cm｜丸形｜1個分｜加水率74%

リスドォル── 230g
イーグル── 20g
インスタントドライイースト── 0.5g
塩── 4.5g
モルトパウダー── 3g
水── 185g

準備

2日目
・15cmボウルの上にふきんを広げて、打ち粉をふる。
・オーブンに天板を入れ、最高温度で予熱する。

工程

1日目	
ミキシング	混ぜる→ストレッチ（4回）
パンチ	室温（20分間）→ストレッチ（4回）×2セット
一次発酵	室温＋冷蔵庫（計17〜24時間）

2日目	
成形	丸形（15cmボウル）
最終発酵	室温（120分間）
仕上げ	クープ
焼成	スチーム、最高温度（5分間、要シート）→240℃（25分間）

＊詳しい成形はp.115へ

一般的なハード系パンより
やわらかく、
しっとりもちもちの食感！

1日目

計量
1

水をタッパーに注ぎ入れ、それ以外の材料はビニール袋に計量する。

2

塩やドライイーストなど微量のものは、別に計量してビニール袋へ。

ミキシング
3

ビニール袋に空気を入れ、袋の口を手で押さえながら上下を2〜3度返して、粉類をざっと混ぜる。

4

水が入ったタッパーに、ビニール袋の粉類を一度に加える。袋の口を外に折り返しておくとよい。

5
ゴムベラで手早く混ぜ合わせる。

6
粉が見えなくなったら混ぜ終わり。多少のぼそぼそ感が残ってもOK。

生地の一部をゴムベラに引っかけるようにして、ゆっくり持ち上げる。

切れる直前まで伸ばしたら、元の位置へたたむようにして戻す。

7
ストレッチ

8

9
タッパーを90度ずつ回しながら、7〜8をあと3回くり返す（計4回伸ばす）。カードなどでゴムベラをはらう。

10
生地を4回伸ばしたら、蓋をして室温に20分間おく。

20分後、再び7〜9をする（計4回伸ばす）。生地は少し伸びるようになる。蓋をして室温に20分間おく。

20分後、もう一度7〜9をする（計4回伸ばす）。生地はなめらかによく伸びる。

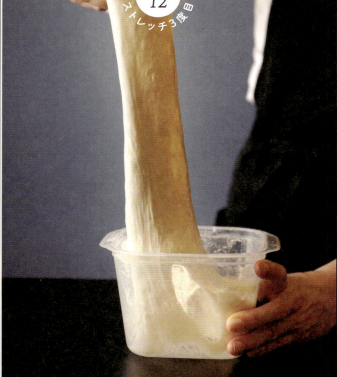

11
ストレッチ2度目

12
ストレッチ3度目

一次発酵
13

蓋をして、そのまま室温において生地が約1.8倍になったら冷蔵庫に移す。室温＋冷蔵庫で計17〜24時間、生地が約2倍になるまで発酵させる（p.012）。冷蔵庫に移すタイミングはこの写真の膨らみ加減を目安に。左から、3度目のストレッチ直後、約1.8倍の状態（中）、約2倍になり発酵終了（右）。容器の側面に目印のテープを貼っておくとわかりやすい。

蓋が持ち上がるほど生地が膨らんできたら……

発酵の途中、蓋が持ち上がるほど生地が膨らんできたら、蓋裏に付いた生地をカードなどではがして、いったん蓋をはずす。表面をカードで軽く押して膨らみを抑え、再び蓋をして冷蔵庫で発酵を続ける。

2日目

14
直径15cmのボウルに乾いたふきんを広げ、上から茶こしで打ち粉をたっぷりふる。中心を多めに。

15
冷蔵庫から生地を出し、表面にたっぷりと打ち粉をまぶす（約5〜8g）。

16
タッパーの側面に沿ってカードを挿し込み、生地をはがす。4辺とも同じようにする。

17
タッパーを逆さにして台に置き、生地自体の重みで落ちるのを待つ。

成形

18
生地の中心に左手の親指を添え、向こう側の生地を中心に持ってきたら、左の親指を軽く添える（押さえない）。

一周したら、生地の中心をつまんでとじる。

19
反時計回りに生地を少しずつ回しながら、向こう側の生地を中心に持ってくることをくり返す。

とじ目を上にして生地をやさしく持ち上げ、14のボウルにゆっくり移す。

20

21

22 左手で生地を中心に寄せるようにして、茶こしで生地の側面に打ち粉をふる。ボウルを回して一周する。

23 最終発酵　縁側のふきんを上にかぶせ、室温で120分間発酵させる（＊残り1時間になったら、オーブンに天板を入れて予熱）。

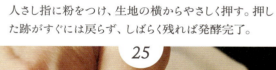

120分後。ひと回り大きく膨らむ。

人さし指に粉をつけ、生地の横からやさしく押す。押した跡がすぐには戻らず、しばらく残れば発酵完了。

24

25

最終発酵を終えた生地の上に、オーブンシート、板の順にのせ、そのままひっくり返してボウルとふきんをはずす。ふきんに生地がついている場合は、カードなどでそっとはがす。

クープナイフを使い、生地の表面にクープを入れる。先に大きめの四角、次は中央に十字、深さは約3mm。

オーブンシートをかぶせて、予熱したオーブンに入れる準備。

29

両手に軍手を2重にしてはめる。オーブンから出し入れするときは、つねに軍手をして作業する。

オーブンのスチーム機能、または霧吹きなどで庫内を水蒸気で満たす。最高温度で5分間焼成する。

焼成
30

板から滑らせるようにして、生地をシートごとオーブンの天板に移す（天板は高温で危険なので手前に引き出さない）。

5分後にオーブンシートをはずし、240℃に下げて25分間焼成する。

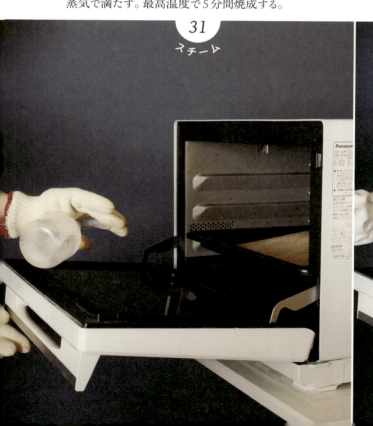

31
スチーム

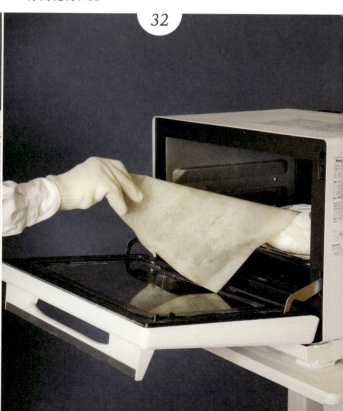

32

33

焼き上がったら、シートの端を持ち上げ、その下に板を滑り込ませて、パンを取り出す。

焼成後はクーラーにのせてしばらく置き、完全に冷めてからカットする。

34

基本のブールと同じ生地でつくるバゲット

一見、難しそうなバゲットも、コツさえ押さえればきれいに焼けます。
ポイントは最後まで生地の向きを間違えないこと。
形ではなく、クープが開くかどうかでおいしさが決まります

材料

長さ約30cm｜2本分

＊基本のブールと同じ

リスドォル──230g
イーグル──20g
インスタントドライイースト──0.5g
塩──4.5g
モルトパウダー──3g
水──185g

準備

2日目
・キャンバス地を端から2cm幅で2回折り、
　折った両端をクリップで止めて板にのせる。
・オーブンに天板を入れ、最高温度で予熱する。

工程

1日目	
ミキシング	混ぜる→ストレッチ（4回）
パンチ	室温（20分間）→ストレッチ（4回）×2セット
一次発酵	室温＋冷蔵庫（計17〜24時間）

2日目	
分割・成形	2分割（221g/個）→やすませる（15分間）→バゲット形
最終発酵	室温（60分間）→冷蔵庫（20分間）
仕上げ	クープ
焼成	スチーム、最高温度（5分間、要シート）→240℃（15分間）

＊詳しい成形はp.116へ

クープ5本はスラッと、
4本だとややふっくら。
入れる本数で見た目の
印象が変わります

1日目 → 2日目
基本のブール（P.020〜023、1〜13）と同じ

分割
1
生地をタッパーから出して（p.024、15〜17）、カードで1つ221gに2分割する。

2
カットした生地を縦長に置き、手前からゆるく巻く。

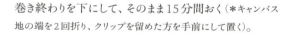

巻き終わりを上にして90度向きを変え、さらにひと巻きする。

巻き終わりを下にして、そのまま15分間おく（＊キャンバス地の端を2回折り、クリップを留めた方を手前にして置く）。

3

やすませね
4

成形

5
やすませた生地全体に打ち粉をまぶし、巻き終わりを上にして両手で持って横に少し伸ばす。

向こう側からも生地を折って少し重ね、同じように端から2mmの位置を指で押してつける。

6
手前から1/3を折り、端から2mmの位置を指で押してつける。右から左へと進める。

さらに向こう側から二つ折りにするため、7で重ねた中央のラインを目安に左手の親指を添える。

9

向こうから二つ折りにし、合わせ目を手のひらの付け根で押してとじる。全体をつぶさないように注意する。

生地のとじ目（9でとじた部分）を確認して上に向け、両端をつまんでとじる。

10

両手のひらで転がして28cmの長さに伸ばす。

両手の人さし指を9のとじ目に沿わせて持ち、手首ごと返してとじ目を下にしてキャンバス地に移す。

最終発酵

13

余った布を上からかぶせて室温で60分間発酵させる（*オーブンに天板を入れて、最高温度で予熱）。

14

60分後にフィンガーテストする（p.014）。冷蔵庫に移して生地を20分間冷やす。

キャンバス地のクリップで留めた側を左にして、生地を縦に置く。クリップをはずして、生地を半回転させて生地とり板にのせる。次に、逆に半回転させて（元に戻して）オーブンシートに移す。最後に左側を手前にすると、成形時と同じ向きになる。

15

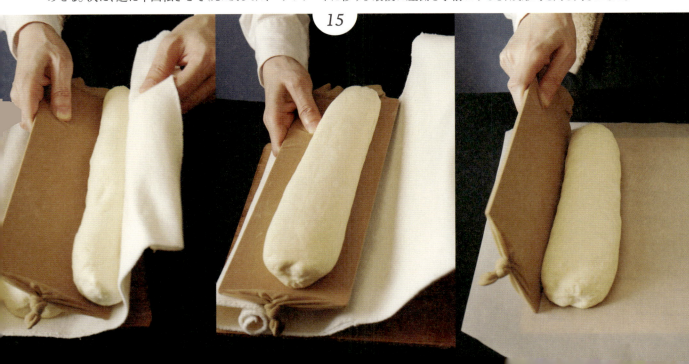

16
茶こしで全体に打ち粉をふる。

続いて、横一本にセンターラインを引く。

17
クープの前に、クープナイフの背でガイド線を引く。まずは、右のイラストのうち青い縦6本の線を入れる。

先ほど引いた縦横の線を基準に、赤い線（クープ）のあたりをつける。全体のバランスを見る。

18

19

19で引いた斜めの線を目安に、本番のクープを入れる。深さは表面から最大2〜3mmほど。

オーブンシートをかぶせて、オーブンの天板に移す。

スチームを入れて(または霧吹き)最高温度で5分間焼成する。
5分後にオーブンシートをはずし、240℃に下げて15分間焼成する。

バゲッドのクープのガイドライン

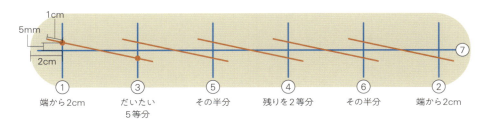

はじめに青色のガイド線を入れる。まずは両端から2cm内側に①と②の縦線を引く。次に①と②の間を約5等分した③の線を入れ、残りを2等分した④、さらにその間を2等分する⑤と⑥の線を引く。縦線6本を引き終えたら、中央に⑦の横線を引く。この①〜⑦を元にクープの下描き(赤色)を入れる。
①と⑦が交わる点の5mm上から、③と⑦が交わる点の5mm下を斜めに結び、線の入れはじめと終わりをそれぞれ左右に1cm伸ばす。以下は同様に、③と⑦が交わる点の5mm上から、⑤と⑦の交わる点の5mm下へ…と順に続ける。斜め線を5本引き終えたら、この線を目安に深さ2〜3mmの本番のクープを入れる。クープを4本にする場合は、①と②の線を引いたら、その間の2等分を2回して縦線5本にする。斜めの線の引き方は5本クープと同じ。

基本のブールと同じ生地でつくるプチパン

同じ生地でも、小さくつくるとモチモチ感が抑えられます。
成形やサイズの工夫で、自分好みの味や食感を表現できるのも、
手づくりならではの楽しみです

材料

約12cm｜長丸形（小）｜6個分

＊基本のブールと同じ

リスドォル —— 230g
イーグル —— 20g
インスタントドライイースト —— 0.5g
塩 —— 4.5g
モルトパウダー —— 3g
水 —— 185g

準 備

2日目
・キャンバス地を端から2cm幅で2回折り、折った両端をクリップで止めて板にのせる（p.031と同じ）。
・オーブンに天板を入れ、最高温度で予熱する。

工 程

1日目	
ミキシング	混ぜる→ストレッチ（4回）
パンチ	室温（20分間）→ストレッチ（4回）×2セット
一次発酵	室温＋冷蔵庫（計17〜24時間）

2日目	
分割・成形	6分割（73g/個）→やすませる（10分間）→長丸形（小）
最終発酵	室温（100分間）
仕上げ	クープ
焼成	スチーム、最高温度（5分間、要シート）→240℃（10分間）

＊詳しい成形はp.121へ

ぱかっと大きく、
クープが開きやすい
成形方法です

1日目 基本のブール（P.020〜023、1〜13）と同じ

2日目

分割

1 生地をタッパーから出して（p.024、15〜17）。カードで1つ73gに6分割する。

2 おおよそ四角に切った生地は、向かい合った角をそれぞれ中心で軽く合わせる。

3 合わせ目を下にして、そのまま10分間おく（＊キャンバス地は端を折り、クリップを留めた側を手前にして置く）。

成形

4 角が正面になるように置き、向こう側から二つ折りにする。

もう一度、向こう側から半分に折り、合わせ目を指で押さえてとじる。

生地の端に両手の親指を沿わせ、上側の生地だけを向こう側にぐっと押して外側の生地を張らせる。

5

6

7 軽く転がして、とじ目を下にしてキャンバス地にのせる(p.034、12〜13と同じ)。

8 室温で100分間発酵させる(＊オーブンに天板を入れて、最高温度で予熱する)。

9 フィンガーテストをして、オーブンシートに移す(p.035、14〜15)。

10 打ち粉をふり、中央にクープを1本入れる。オーブンシートをかぶせて予熱したオーブンへ入れる。

11 オーブンの天板に移し、スチームを入れて最高温度で5分間焼成する。

12 5分後にオーブンシートをはずして、240℃で10分間焼成する。

13 焼き上がったら、板を挿し入れてパンを取り出す(天板を引き出さない)。

基本のブールのバリエーション

カシューナッツとチーズのブール

具を混ぜ込む生地は、ストレッチの回数を増やします。
ただし混ぜすぎは厳禁。自然にばらけるので指定回数どおりに。
最後にクープを細かく入れるのもポイントです

材料

約17cm｜丸形｜1個分

＊基本のブールと同じ

- リスドォル —— 230g
- イーグル —— 20g
- インスタントドライイースト —— 0.5g
- 塩 —— 4.5g
- モルトパウダー —— 3g
- 水 —— 185g

具材

- カシューナッツ —— 100g
- ピザ用チーズ —— 50g
- 黒コショウ（粒）—— 3g

カシューナッツとチーズ、黒粒コショウ

準備

1日目
・カシューナッツは160℃のオーブンで10分間ローストした後、15分間水に浸ける。ザルにあげ、水きりしておく。

2日目
・15cmボウルの上にふきんを広げて、打ち粉をふる。
・オーブンに天板を入れ、最高温度で予熱する。

工程

1日目	
ミキシング	混ぜる→ストレッチ（3回＋具を入れて5〜6回）
パンチ	室温（20分間）→ストレッチ（5〜6回）×2セット
一次発酵	室温＋冷蔵庫（計17〜24時間）

2日目	
成形	丸形（15cmボウル）
最終発酵	室温（120分間）
仕上げ	クープ
焼成	スチーム、最高温度（5分間、要シート）→240℃（25分間）

食事はもちろん、
ワインのお供にも。
ピリッと粒コショウが
アクセント

1日目 基本のブール（P.020、1〜8）と同じ

1. 生地の材料を混ぜ、最初のストレッチを3回終えたら、表面を広げて準備した具材を加える。

2. 続けて、具材を混ぜるストレッチをする（計5〜6回）。最初はよく混ざらなくてOK。蓋をして室温に20分間おく。

3. 20分後、2度目のストレッチをする（計5〜6回）。蓋をして室温に20分間おく。

4. 20分後、3度目のストレッチをする（計5〜6回）。生地はなめらかによく伸び、具材も全体に混ざる。そのまま生地が約1.8倍になるまで室温におき、その後、冷蔵庫で約2倍になるまで発酵させる（室温と計17〜24時間）。

5. タッパーから出してブールと同じ成形（p.024〜026、14〜22）。室温で120分間発酵させる（＊オーブンを予熱）。

6. クープは細かく入れる。オーブンシートをかぶせてオーブンへ。

7. 天板に移し、スチームを入れて最高温度で5分間焼成。その後、シートをはずして、240℃で25分間焼成する。

オニオンとコーンのエピ

オニオンとコーンのエピ

エピは途中までバゲットの成形と同じです。
シャープな麦の穂になるよう、ハサミは斜め45度の位置から、
思い切り深く切り込みましょう

材料

長さ約29cm｜2本分

*基本のブールと同じ

リスドォル——230g
イーグル——20g
インスタントドライイースト——0.5g
塩——4.5g
モルトパウダー——3g
水——185g

具材

タマネギ（薄切り）——50g
（新タマネギは向かない）
コーン（缶詰、または冷凍）——20g
油、塩・コショウ——適量

薄切りタマネギとコーン

準備

2日目
・フライパンに油を熱し、タマネギとコーンを炒めて、塩・コショウで強めに味つけする。キッチンペーパーにとって油をきり、冷ましておく。
・キャンバス地を端から2cm幅で2回折り、折った両端をクリップで止めて板にのせる。
・オーブンに天板を入れ、最高温度で予熱する。

小さくカットした部分は
固くなりやすいので
焼きすぎに注意！

工程

1日目	
ミキシング	混ぜる→ストレッチ（4回）
パンチ	室温（20分間）→ストレッチ（4回）×2セット
一次発酵	室温＋冷蔵庫（計17～24時間）

2日目	
分割・成形	2分割（221g/個）→やすませる（15分間）→バゲット形
最終発酵	室温（60分間）
仕上げ	ハサミでカット→左右に開く
焼成	スチーム、最高温度（5分間）→240℃（15分間）

1日目 基本のブール（P.020〜023、1〜13）と同じ

2日目 バゲット（P.032、1〜7）と同じ

1 成形
生地のセンターラインに、炒めたタマネギとコーンの半量をのせる。

2
向こう側から二つ折りして、具材がはみ出ないように、左手の親指で押し込みながら、しっかりと合わせ目をとじる。右から左へと進める。

3
両手のひらで転がして28cmに伸ばし、両サイドをつまんでとじる。とじ目を下にして、キャンバス地にのせ、余った布を上からかぶせる（p.034、12）。もう一つも同じようにつくる。

4 最終発酵
室温で60分間発酵させる（＊オーブンに天板を入れて、最高温度で予熱する）。

5
60分後フィンガーテストをして、オーブンシートに移す（p.035、14〜15）。

6 仕上げ
ハサミを生地に対して45度におき、2cm幅に深くカットする。カットするたびに生地を左右に開く。

7 焼成
オーブンの天板に移し、スチームを入れて最高温度で5分間焼成。その後、240℃に下げて15分間焼成する。

マカダミアナッツとショコラのプチパン

絶妙なハーモニーで、食べはじめると止まらなくなります。
表面に出たチョコは焦げると苦みを感じるので、
成形時に生地の中へ押し込んでおきます

材料

約12cm｜長丸形（小）｜6個分

*基本のブールと同じ

リスドォル —— 230g
イーグル —— 20g
インスタントドライイースト —— 0.5g
塩 —— 4.5g
モルトパウダー —— 3g
水 —— 185g

具材
マカダミアナッツ —— 60g
チョコレート（製菓用）—— 50g

マカダミアナッツとチョコ

準備

1日目
・マカダミアナッツは160℃のオーブンで10分間ローストした後、15分間水に浸けて、ザルにあげて水きりする。ビニール袋に入れて、めん棒で軽くたたいてつぶしておく。
・チョコレートは1cm弱にカットする。

2日目
・キャンバス地を端から2cm幅で2回折り、折った両端をクリップで止めて板にのせる。
・オーブンに天板を入れ、最高温度で予熱する。

工程

1日目	
ミキシング	混ぜる→ストレッチ（3回＋具を入れて5〜6回）
パンチ	室温（20分間）→ストレッチ（5〜6回）×2セット
一次発酵	室温＋冷蔵庫（計17〜24時間）

2日目	
分割・成形	6分割（92g/個）→長丸形（小）
最終発酵	室温（100分間）
仕上げ	クープ
焼成	スチーム、最高温度（5分間、要シート）→240℃（10分間）

＊詳しい成形はp.120へ

基本のブール（p.020、1〜8）、カシューナッツとチーズのブール（p.044〜）を参照。

1　生地の材料を混ぜ、最初のストレッチを3回終えたら、表面を広げて準備した具材を入れる。
2　続けて、具材を混ぜるストレッチをする（計5〜6回）。最初はよく混ざらなくてOK。蓋をして室温に20分間おく。
3　20分後、2度目のストレッチをする（計5〜6回）。再び蓋をして室温20分間おく。
4　20分後、3度目のストレッチをする（計5〜6回）。
5　生地が約1.8倍になるまで室温におき、その後、冷蔵庫で約2倍になるまで発酵させる（室温と合計で17〜24時間）。

1
生地は1つ92gに6分割する。手前から1/3を折り、向こう側からも1/3を折って軽く指で押さえる。

2
さらに向こう側から二つ折りして、手のひらの付け根で合わせ目をとじる。右から左へ進める。

3
表面に出たチョコレートは、つまみ出して合わせ目に押し込み、指でつまんでとじる。

4
キャンバス地にのせ、上からも布をかぶせて室温で100分間発酵させる（*残り1時間になったら、オーブンに天板を入れて最高温度で予熱）。

5
オーブンシートに移して打ち粉をふり、中央にクープを1本入れる。シートをかぶせる。

6
天板に移し、スチームを入れて最高温度で5分間焼成。その後、シートをはずして240℃で10分間焼成する。

2 ハード系パン

カンパーニュ

カンパーニュ

ライ麦と全粒粉が入った、滋味あふれる味わい深いパン。
断面には大きな気泡がたくさん入ります。
ブールと同じ形に焼くのもおすすめです

材料

約24×13cm｜長丸形｜1個分｜加水率83%

リスドォル——110g
イーグル——70g
ライ麦粉——25g
全粒粉——25g
インスタントドライイースト——0.5g
塩——4.1g
モルトパウダー——3g
水——190g

ライ麦粉と全粒粉

準備

2日目
・キャンバス地を端から2cm幅で2回折り、折った両端をクリップで止めて板にのせる。
・オーブンに天板を入れて最高温度で予熱する。

工程

1日目	
ミキシング	混ぜる→ストレッチ（10回）
パンチ	室温（20分間）→ストレッチ（10回） →室温（20分間）→ストレッチ（8回） →室温（20分間）→ストレッチ（5回）
一次発酵	室温＋冷蔵庫（計17〜24時間）

2日目	
成形	長丸形
最終発酵	室温（60分間）
仕上げ	クープ
焼成	スチーム、最高温度（5分間、要シート）→240℃（25分間）

基本のブール（p.020～023、1～13）を参照。

1　水はタッパーに、粉類はビニール袋に入れて計量する。粉類は袋ごと軽く振ってタッパーへ一度に加える。
2　ゴムベラで手早く混ぜ、粉が見えなくなればOK。
3　生地の一部をゴムベラに引っかけてゆっくりと伸ばす「ストレッチ」を、タッパーを回しながら10回する。
4　蓋をして室温に20分間おいたら、2度目のストレッチを10回する。再び、室温に20分間おいて、3度目のストレッチを8回する。もう一度、室温に20分間おいて、4度目のストレッチを5回する（ストレッチのときは毎回タッパーを回してまんべんなく伸ばす）。
5　そのまま室温において約1.8倍になったら冷蔵庫に移し、室温と合計で17～24時間発酵させる。約2倍になれば発酵終了。

生地をタッパーから出したら（p.024、15～17）、軽く上下を伸ばして縦長に置く。向こう側から1/3を手前に向けて折る。

1で重ねた向こう側の両角を、中心に向かって三角に折り重ねる。焼き上がったときに中央に空洞ができてしまうので、合わせ目を少し重ねる。

三角になった部分を手前に向けて二つ折りにする。生地の端に両手の親指から付け根までを置き、上の生地だけを向こう側に向けてぐっと押すようにして、生地の外側を張らせる。

向こう側から生地を二つに折り、合わせ目をとじる。右から左へと進める。

さらにもう一度、生地を向こう側から二つに折り、同じように合わせ目を右から左へととじる。

両手で軽く転がして形を整えたら、とじ目を下にしてキャンバス地にのせ、余った布を上からかぶせる。

7　室温で60分間、最終発酵させる（＊オーブンに天板を入れて、最高温度で予熱する）。

8　フィンガーテストをする。生地とり板に付きやすいので上面に打ち粉をふり、キャンバス地からオーブンシートへ移す（p.035、14〜15）。

9　全面に打ち粉をふり、クープを中央に1本入れて（深さは表面から2〜3mm）、オーブンシートをかぶせる。

予熱したオーブンの天板に移し、スチームを入れて最高温度で5分間焼成する。
その後、シートをはずし、240℃に下げて25分間焼成する。

10

カンパーニュ・フリュイ

ドライフルーツをたっぷり詰め込んだ贅沢なパン。
フルーツ類は表面に出ると焼けて固くなりやすいので、
クープは浅く、短く、細かく入れましょう

材料

約19×9.5cm｜長丸形｜2個分｜加水率83%

＊生地はカンパーニュと同じ

- リスドォル —— 110g
- イーグル —— 70g
- ライ麦粉 —— 25g
- 全粒粉 —— 25g
- インスタントドライイースト —— 0.5g
- 塩 —— 4.1g
- モルトパウダー —— 3g
- 水 —— 190g

具材
- アーモンド —— 20g
- ドライフィグ —— 50g
- ドライクランベリー —— 20g
- ドライカレンズ —— 15g
- きざみオレンジピール —— 15g
- 赤ワイン —— 80g

ドライフルーツ類とアーモンド

準備

1日目
- アーモンドは160℃のオーブンで10分間ローストする。
- アーモンドを含めた具材をすべて鍋に入れ、ときどき混ぜながら、弱火で水分がほぼなくなるまで煮て、冷ましておく。
- ドライフィグのみ、ワインで煮た後で2cm幅にカットする（切ってから煮ると煮くずれてしまう）。
- 一次発酵にはタッパーを2つ使う。約半量の270mlサイズがあると便利。

2日目
- めん棒を用意する。
- キャンバス地を端から2cm幅で2回折り、折った両端をクリップで止めて板にのせる。
- オーブンに天板を入れて最高温度で予熱する。

工程

1日目	
ミキシング	混ぜる→ストレッチ（4回）→分割（プレーン用120g/具入り用330g） →分割後のストレッチ プレーン（無し）/具入り（具を入れて6〜8回）
パンチ	プレーン/室温（20分間）→ストレッチ（4〜5回）×2セット 具入り/室温（20分間）→ストレッチ（6〜8回）×2セット
一次発酵	室温＋冷蔵庫（計17〜24時間）

2日目	
分割・成形	長丸形2個（プレーン生地で具入り生地を包む）
最終発酵	室温（120分間）
仕上げ	クープ
焼成	スチーム、最高温度（5分間、要シート）→240℃（20分間）

基本のブール（p.020〜021、1〜8）を参照。

1　水はタッパーに、粉類はビニール袋に入れて計量する。粉類は袋ごと軽く振ってタッパーへ一度に加える。
2　ゴムベラで手早く混ぜ、粉が見えなくなればOK。
3　生地の一部をゴムベラに引っかけてゆっくりと伸ばす「ストレッチ」を、タッパーを回しながら4回する。
4　生地を分割する。プレーン用は120g、残り（具入り用）は330gになる。

プレーンの生地を小さめのタッパーに取り分ける。こちらはストレッチ無し。

具入り用の生地は、準備した具材を加えてストレッチを6〜8回する。この段階では具は混ざりにくいので、生地を伸ばすことを優先する。2つの生地とも蓋をして室温に20分間おく。

20分後、2度目のストレッチをする。プレーンは4〜5回、具入りは6〜8回。再び、蓋をして室温に20分間おく。

20分後、それぞれ3度目のストレッチをする。プレーンは4〜5回、具入りは6〜8回。

そのまま室温においておき、生地が約1.8倍になったら冷蔵庫に移す。室温＋冷蔵庫で計17〜24時間発酵させ、約2倍になれば発酵終了。

2つの生地をタッパーから出して（p.024、*15〜17*）、まずは具入り生地を1つ215gに2分割する。

生地を縦長にして置き、手前から1/3を折り、向こう側からも折って、生地の端が2〜3mm重なるようにする。

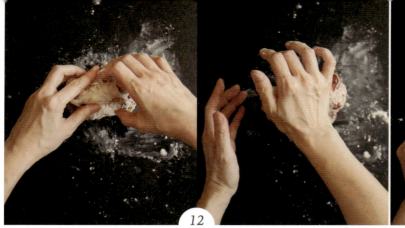 

さらに向こう側から二つ折りにして、右から左へと合わせ目をとじる。

手のひらで軽く転がして形を整え、生地の両端をとじる。もう一つも同様に。

次に、プレーンの生地を1つ60gに2分割する。生地が破けるのを防ぐため、埋もれるくらいしっかりと全体に打ち粉をつける。台にも多めに打ち粉をまぶす。

めん棒で生地を薄く伸ばす。縦は具入り生地（13）の約2.5倍、横はほぼ同じくらいのサイズに。

伸ばしたプレーン生地の上に、13の具入り生地をのせる（手前から2cmのところに、とじ目を手前に向けておく）。プレーンの生地は薄いので、カードを添えて具入り生地を包むように手前から巻いていく。

17 巻き終えたら、生地の合わせ目と両端を指先でつまんでとじる。とじ目を下にしてキャンバス地にのせ、余った布を上からかぶせる。

18 室温で120分間発酵させる（＊残り1時間になったら、オーブンに天板を入れて最高温度で予熱する）。

19 フィンガーテスト後、キャンバス地からオーブンシートへ移す（p.035、14〜15）。

20 全面に打ち粉をふる。プレーン生地（皮）だけを切る深さにクープを細かく入れて、オーブンシートをかぶせる。

予熱したオーブンの天板に移し、スチームを入れ最高温度で5分間焼成する。その後、オーブンシートをはずし、240℃に下げて20分間焼成する。

21

具入り生地のクープは、全体にバランスよく入れて火の通りをよくしつつ、1か所だけが大きく開いて中の具材が焦げないように注意する。写真上の場合、中央のクープは長いものの、カーブをつけることで大きく開くのを防いでいる。

ロデヴ

加水率が高く、ゆるい生地なので、扱いやすいサイズにしました。
焼きたては断面の気泡がキラキラ輝いて見えます。
サクッとした食感が、あとを引くおいしさ

材料

約12×4cm | 角形 | 4個分 | 加水率78%

リスドォル —— 160g
イーグル —— 70g
インスタントドライイースト —— 0.5g
海塩 —— 4.5g
モルトパウダー —— 3g
水 —— 180g

準備

2日目
・キャンバス地を端から2cm幅で2回折り、折った両端をクリップで止めて板にのせる。
・オーブンに天板を入れて最高温度で予熱する。

工程

1日目	
ミキシング	ミキシング　混ぜる→ストレッチ（4回）
パンチ	室温（20分間）→ストレッチ（4回）×3セット
一次発酵	室温＋冷蔵庫（計17〜24時間）

2日目	
成形	角形4個
最終発酵	室温（100分間）
仕上げ	クープ
焼成	スチーム、最高温度（5分間、要シート）→250℃（15分間）

ロデヴには海塩

ロデヴはフランスの南部地方にルーツをもつ高加水パンで、名前も発祥とされる街に由来します。海が近いことに思いを馳せて、このパンを焼くときはとくに海塩をおすすめしています。

基本のブール（p.020〜023、*1〜13*）を参照。

1 水はタッパーに、粉類はビニール袋に入れて計量する。粉類は袋ごと軽く振ってタッパーへ一度に加える。
2 ゴムベラで手早く混ぜ、粉が見えなくなればOK。
3 生地の一部をゴムベラに引っかけてゆっくりと伸ばす「ストレッチ」を、タッパーを回しながら4回する。
4 蓋をして室温に20分間おいたら、ストレッチを4回する。これを3セット行なう（ストレッチのときは毎回タッパーを回してまんべんなく伸ばす）。
5 そのまま室温において約1.8倍になったら冷蔵庫に移し、室温と合計で17〜24時間発酵させる。約2倍になれば発酵終了。

生地をタッパーから出したら（p.024、15〜17）、横に軽く広げる。手前から1/3を折り、向こう側からも1/3を折って重ねる。

やわらかい生地なのでカードで裏返して、合わせ目を下にする。カードで両端を少しだけ切り落としたら、目分量で4等分にする。切り落とし面を出すために、あえて両端もカットする。

底面と切り口にたっぷりと打ち粉をまぶし、粉をふったキャンバス地にのせる。先ほど切り落とした両端を4分割し、4つの生地の下に入れておく。余った布を上からかぶせ、室温で100分間発酵させる（＊残り1時間になったら、オーブンに天板を入れて最高温度で予熱する）。

フィンガーテストをして、生地とり板でキャンバス地からオーブンシートへ移す（p.035、14〜15）。打ち粉をふり、斜め十字にクープを入れて、オーブンシートをかぶせる。

予熱したオーブンの天板に移し、スチームを入れ最高温度で5分間焼成する。
その後、オーブンシートをはずし、250℃に下げて15分間焼成する。

5

ペイザン

見た目とは違って、しっとりやわらかいパンです。
完全に冷めてからカットしましょう。
噛みしめるほど粉のうまみと甘みが出て、食べ飽きしません

材料

約22×12cm｜長丸形｜1個分｜加水率83%

リスドォル── 140g
イーグル── 20g
全粒粉── 40g
インスタントドライイースト── 0.5g
塩── 4g
モルトパウダー── 5g
水── 165g

準備

2日目
・キャンバス地を端から2cm幅で2回折り、折った両端をクリップで止めて板にのせる。
・オーブンに天板を入れて最高温度で予熱する。

工程

1日目	
ミキシング	混ぜる→ストレッチ（4回）
パンチ	室温（20分間）→ストレッチ（4回）×3セット
一次発酵	室温＋冷蔵庫（計17～24時間）

2日目	
成形	長丸形
最終発酵	室温（120分間）
仕上げ	クープ
焼成	スチーム、最高温度（5分間、要シート）→260℃（20分間）

基本のブール（p.020〜023、1〜13）を参照。

1 水はタッパーに、粉類はビニール袋に入れて計量する。粉類は袋ごと軽く振ってタッパーへ一度に加える。
2 ゴムベラで手早く混ぜ、粉が見えなくなればOK。
3 生地の一部をゴムベラに引っかけてゆっくりと伸ばす「ストレッチ」を、タッパーを回しながら4回する。
4 蓋をして室温に20分間おいたら、ストレッチを4回する。これを3セット行なう（ストレッチのときは毎回タッパーを回してまんべんなく伸ばす）。
5 そのまま室温において約1.8倍になったら冷蔵庫に移し、室温と合計で17〜24時間発酵させる。約2倍になれば発酵終了。

生地をタッパーから出したら（p.024、15〜17）、横に軽く広げ、両サイドから2cm内側に折る。次に手前から1/3を折る。

向こう側の生地の両角を、中心に向かって三角に折る。左右の合わせ目を少し重ねる。

向こう側の三角の部分を持って二つ折りにする。両手の親指を生地の中心におき、上の生地だけを向こう側に向かってグッと押して外側の生地を張らせる。

もう一度、向こう側から二つ折りにして、手のひらの付け根で生地の端を押してとじる。右から左へと進める。軽く転がして形を整える。

キャンバス地に打ち粉をたっぷりとふり、生地のとじ目を下にしてのせる。布を寄せて生地を支え、余った布を上からかぶせる。室温で120分間発酵させる（*残り1時間になったら、オーブンに天板を入れて最高温度で予熱する）。

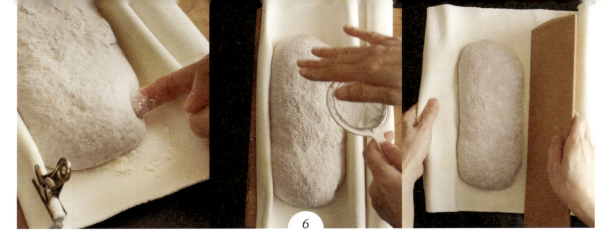

フィンガーテストをする。生地とり板に付きやすいので、上面に打ち粉をふる。キャンバス地からオーブンシートへ移す（p.035、14〜15）。

⑥

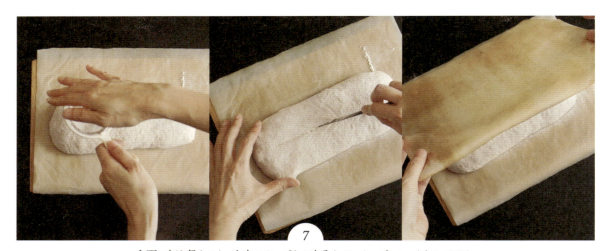

全面に打ち粉をふり、中央にクープを1本入れて、オーブンシートをかぶせる。

⑦

予熱したオーブンの天板に移し、スチームを入れて最高温度で5分間焼成する。
その後、オーブンシートををはずし、260℃に下げて20分間焼成する。

⑧

リュスティック

リュスティック

口どけのよい、さっくりとした食感に仕上げました。
切りっぱなしの成形なので、はじめてでも気負わずつくれます。
気泡を確認するときは、縦でなく横からカットします

材 料

約10cm｜角形｜4個分｜加水率76%

リスドォル—— 200g
イーグル—— 50g
インスタントドライイースト—— 0.5g
塩—— 4.5g
モルトパウダー—— 5g
水—— 190g

準 備

2日目
・キャンバス地を端から2cm幅で2回折り、折った両端をクリップで止めて板にのせる。
・オーブンに天板を入れて最高温度で予熱する。

工 程

1日目	
ミキシング	混ぜる→ストレッチ（4回）
パンチ	室温（20分間）→ストレッチ（4回）×3セット
一次発酵	室温＋冷蔵庫（計17〜24時間）

2日目	
成形	角形4個
最終発酵	室温（60分間）
仕上げ	クープ
焼成	スチーム、最高温度（5分間、要シート）→260℃（13分間）

基本のブール（p.020〜023、1〜13）を参照。

1　水はタッパーに、粉類はビニール袋に入れて計量する。粉類は袋ごと軽く振ってタッパーへ一度に加える。
2　ゴムベラで手早く混ぜ、粉が見えなくなればOK。
3　生地の一部をゴムベラに引っかけてゆっくりと伸ばす「ストレッチ」を、タッパーを回しながら4回する。
4　蓋をして室温に20分間おいたら、ストレッチを4回する。これを3セット行なう（ストレッチのときは毎回タッパーを回してまんべんなく伸ばす）。
5　そのまま室温において約1.8倍になったら冷蔵庫に移し、室温と合計で17〜24時間発酵させる。約2倍になれば発酵終了。

生地をタッパーから出したら（p.024、15〜17）、少し広げて左側から中心に向かって1/3を折り、次に右側からも1/3を折って重ねる。

次に手前側から1/3を折り、向こう側からも1/3を折って重ねる。

3 やわらかい生地なのでカードを添えて裏返す。合わせ目を下にし、目分量で4分割する。

4 底面と切り口にたっぷり打ち粉をまぶし、キャンバス地にも打ち粉をふって生地をのせる。

5 余った布を上からかぶせ、室温で60分間発酵させる（＊オーブンに天板を入れて、最高温度で予熱する）。

6 フィンガーテストをして、キャンバス地からオーブンシートへ移す（p.035、14〜15）。

7 打ち粉をふり、斜めにクープを1本入れて、オーブンシートをかぶせる。

8 予熱したオーブンの天板に移し、スチームを入れて最高温度で5分間焼成する。その後、シートをはずし、260℃に下げて13分間焼成する。

3

ソフト系 & 甘いパン

バターロール

高加水の生地でもバターロールがつくれます。
しかも、もっちり食感ではなく、ふんわり軽い口あたり。
バターが主張しすぎないので、どんな料理にもよく合います

材料

約10cm｜バターロール形｜6個分

イーグル——200g
インスタントドライイースト——1g
砂糖——20g
塩——3.5g
スキムミルク——10g
水——120g
卵——25g
溶かしバター——20g

焼成時
溶き卵——少量

スキムミルク

準備

2日目
・めん棒と刷毛を用意する。
・オーブンを180℃で予熱する。

工程

1日目	
ミキシング	混ぜる→ストレッチ（6回）
パンチ	室温（20分間）→ストレッチ（6回）×2セット
一次発酵	室温＋冷蔵庫（計17〜24時間）

2日目	
分割・やすませる	6分割→丸め・やすませる（15分間）
成形	バターロール形
最終発酵	室温（70分間）
仕上げ	溶き卵をぬる
焼成	180℃（15分間）

基本のブール（p.020〜023、1〜13）を参照。

1　水、ほぐした卵、溶かしバターはタッパーに、粉類はビニール袋に入れて計量する。粉類を袋ごと軽く振って混ぜてタッパーへ一度に加える。

2　ゴムベラで手早く混ぜ、粉が見えなくなればOK。

3　ゴムベラに生地を引っかけてゆっくりと伸ばす「ストレッチ」を、タッパーを回しながら6回する。

4　蓋をして室温に20分間おいたら、ストレッチを6回する。これを2セット行なう（ストレッチのときは必ずタッパーを回して生地をまんべんなく伸ばす）。

5　そのまま室温において約1.6倍になったら冷蔵庫に移し、室温と合計で17〜24時間発酵させる。約1.8倍になれば発酵終了。

生地をタッパーから出して（p.024、15〜17）、カードで1つ65gに6分割する。手前から巻き、巻き終わりをつまんでとじる。とじ目を下にして、15分間やすませる。

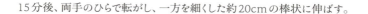

15分後、両手のひらで転がし、一方を細くした約20cmの棒状に伸ばす。

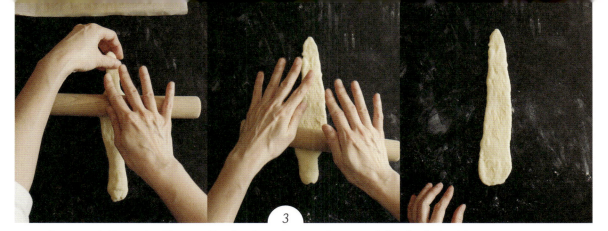

細いほうを上(向こう側)に置き、めん棒を真ん中から上と下とに転がして、全体を薄く伸ばす(厚さ約2〜3cmにする)。

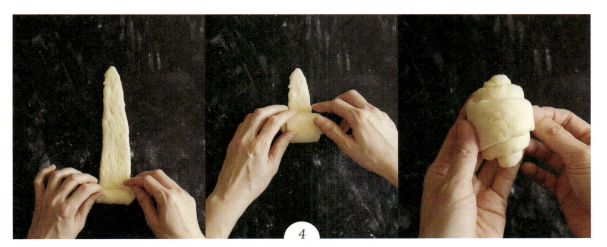

手前からゆるく巻いて、巻き終わりを下にする。

オーブンシートにのせて、室温で70分間発酵させる(*残り40分になったら、オーブンを180℃に予熱する)。

70分後、フィンガーテストをしたら、刷毛で表面に溶き卵をぬる。

予熱したオーブンに入れて180℃で15分間焼成する。

テーブルロール

成形時にきつく丸めるか、ゆるく丸めるかで、
でき上がりのきめ細かさや食感が大きく変わります。
両方つくって違いを楽しんでみてください

材料

約8cm｜丸形｜6個分

＊バターロールと同じ

- イーグル——200g
- インスタントドライイースト——1g
- 砂糖——20g
- 塩——3.5g
- スキムミルク——10g
- 水——120g
- 卵——25g
- 溶かしバター——20g

焼成時
- 溶き卵——少量

スキムミルク

準備

2日目
・刷毛を用意する。
・オーブンを180℃で予熱する。

工程

1日目	
ミキシング	混ぜる→ストレッチ（6回）
パンチ	室温（20分間）→ストレッチ（6回）×2セット
一次発酵	室温＋冷蔵庫（計17〜24時間）

2日目	
分割・成形	6分割→丸形
最終発酵	室温（70分間）
仕上げ	溶き卵をぬる
焼成	180℃（15分間）

1日目 基本のブール（p.020〜023、1〜13）を参照。

1. 水、ほぐした卵、溶かしバターはタッパーに、粉類はビニール袋に入れて計量する。粉類を袋ごと軽く振って混ぜてタッパーへ一度に加える。
2. ゴムベラで手早く混ぜ、粉が見えなくなればOK。
3. ゴムベラに生地を引っかけてゆっくりと伸ばす「ストレッチ」を、タッパーを回しながら6回する。
4. 蓋をして室温に20分間おいたら、ストレッチを6回する。これを2セット行なう（ストレッチのときは必ずタッパーを回して生地をまんべんなく伸ばす）。
5. そのまま室温において約1.6倍になったら冷蔵庫に移し、室温と合計で17〜24時間発酵させる。約1.8倍になれば発酵終了。

2日目

1 生地をタッパーから出して（p024、15〜17）、カードで1つ65gに6分割する。それぞれ二つ折りにする。

2 二つ折りにした生地を合わせ目を下にして置く。手のひらを軽くかぶせて、台の上で円を描くように手のひらの中で転がして丸める。

とじ目を下にしてオーブンシートにのせ、室温で70分間発酵させる（*残り40分になったらオーブンを180℃で予熱する）。

フィンガーテストをしたら、刷毛で溶き卵をぬり、予熱したオーブンに入れて180℃で15分間焼成する。

白パン

めん棒で薄く伸ばした部分が少しくぼんで、
見た目もかわいい、ふたご形になります。
ほんのりミルク風味で、やさしい食べ心地です

材 料

約10cm｜ふたご形｜5個分

イーグル —— 190g
インスタントドライイースト —— 1g
砂糖 —— 25g
塩 —— 3.5g
スキムミルク —— 10g
水 —— 130g
米油 —— 15g

焼成時
上新粉（強力粉でもよい）—— 適量

スキムミルク

準 備

2日目
・めん棒を用意する。
・オーブンを180℃で予熱する。

工 程

1日目	
ミキシング	混ぜる→ストレッチ（6回）
パンチ	室温（20分間）→ストレッチ（6回）×2セット
一次発酵	室温＋冷蔵庫（計17〜24時間）

2日目	
分割・やすませる	5分割→丸め・やすませる（10分間）
成形	ふたご形
最終発酵	室温（70分間）
仕上げ	上新粉をふる
焼成	180℃（5分間）→160℃（10分間）

基本のブール (p.020〜023、1〜13) を参照。

1　水と米油はタッパーに、粉類はビニール袋に入れて計量する。粉類を袋ごと軽く振って混ぜてタッパーへ一度に加える。
2　ゴムベラで手早く混ぜ、粉が見えなくなればOK。
3　ゴムベラに生地を引っかけてゆっくりと伸ばす「ストレッチ」を、タッパーを回しながら6回する。
4　蓋をして室温に20分間おいたら、ストレッチを6回する。これを2セット行なう（ストレッチのときは必ずタッパーを回して生地をまんべんなく伸ばす）。
5　そのまま室温において約1.6倍になったら冷蔵庫に移し、室温と合計で17〜24時間発酵させる。約1.8倍になれば発酵終了。

生地をタッパーから出して（p.024、15〜17）、カードで1つ74gに5分割する。

生地を二つ折りにして、合わせ目を下にする。手のひらを軽くかぶせて、台の上で円を描くように手のひらの中で転がしてきつく丸める。　　そのまま10分間やすませる。

生地の中央に打ち粉をし、めん棒を真上からぐっと下まで押して、押したまま前後に転がす。中央に幅2cmのくぼみがしっかりと残るよう、押すだけでなく転がすこと。

中央のくぼみを維持したままオーブンシートに移し、室温で70分間発酵させる（*残り40分になったら、オーブンを180℃に予熱する）。

フィンガーテストをして、茶こしで上新粉をふり、予熱したオーブンに入れる。180℃で5分間、その後160℃に下げて10分間焼成する。

フォカッチャ

焼き上がった生地を上から押すと、
すぐに戻ってくるほど、ふかふかに膨らみます。
ナイフで切りにくければハサミでカットしましょう

材料

約26cm｜角形｜1個分

イーグル —— 200g
インスタントドライイースト —— 0.4g
塩 —— 3.6g
水 —— 190g
オリーブオイル —— 10g

焼成時
オリーブオイル、ローズマリー、黒コショウ（挽）—— 各適量

オリーブオイルとローズマリー

準備

2日目
・ローズマリーの葉を枝からはずす。
・オーブンに天板を入れて最高温度で予熱する。

工程

1日目	
ミキシング	混ぜる→ストレッチ（5回）
パンチ	室温（20分間）→ストレッチ（5回）×2セット
一次発酵	室温＋冷蔵庫（計17〜24時間）

2日目	
成形	角形
最終発酵	室温（100分間）
仕上げ	オリーブオイルをぬり、指の跡をつける→ローズマリーと黒コショウをふる
焼成	240℃（20分間）

基本のブール（p.020〜023、1〜13）を参照。

1　水とオリーブオイルはタッパーに、粉類はビニール袋に入れて計量する。粉類を袋ごと軽く振って混ぜてタッパーへ一度に加える。

2　ゴムベラで手早く混ぜ、粉が見えなくなればOK。

3　ゴムベラに生地を引っかけてゆっくりと伸ばす「ストレッチ」を、タッパーを回しながら5回する。

4　蓋をして室温に20分間おいたら、ストレッチを5回する。これを2セット行なう（ストレッチのときは必ずタッパーを回して生地をまんべんなく伸ばす）。

5　そのまま室温において約1.8倍になったら冷蔵庫に移し、室温と合計で17〜24時間発酵させる。約2倍になれば発酵終了。

生地をタッパーから出して（p.024、15〜17）、全体に打ち粉をふり、すぐに生地を裏返す。とてもやわらかい生地なので、カードで底面をはがすようにして一気に返す。

生地の端を軽く持ち上げて、カードで両サイドを少しだけ下に折り込み、底面に入れる。向きを変えて4辺とも同じようにして、オーブンシートに移す（オーブンシートに移してから、4辺を折り込んでもよい）。

室温で100分間発酵させる（＊残り1時間になったら、オーブンに天板を入れて最高温度で予熱する）。

フィンガーテストをしたら、焼成用のオリーブオイルをまわしかけ、手で広くのばす。

4

指先で生地の全面に穴をあける。黒コショウを多めに挽きかけ、ローズマリーを散らす。

5

予熱したオーブンに入れ、240℃に下げて20分間焼成する。

6

ベーグル

このベーグルのみ、発酵前に成形の工程が入ります。
しっかりと水分が抜けた状態がおいしいので、
でき上がりは完全に冷ましてから召し上がってください

材料

直径12cm | リング形 | 3個分 | 加水率70%

イーグル——220g
インスタントドライイースト——0.3g
砂糖——10g
塩——4g
モルトパウダー——10g
水——150g

ゆで湯用
砂糖——35g
モルトパウダー——5g

準備

1日目
・オーブンシートを10×10cmに3枚カットする。
・めん棒を用意する。

2日目
・深さのある鍋を用意し、湯（約1.5リットル）を沸かす。
・オーブンに天板を入れ、260℃で予熱する。

工程

1日目	
ミキシング	混ぜる→ストレッチ（6回）
パンチ	室温（30分間）→ストレッチ（6回）→室温（30分間）
分割・成形	3分割→リング形
一次発酵	冷蔵庫（15〜17時間）

2日目	
発酵	室温（120分間）
ボイル	90℃の湯でゆでる（裏表30秒ずつ）
焼成	260℃（20分間）

基本のブール(p.020〜023、*1*〜*10*)を参照。

1 水はタッパーに、粉類はビニール袋に入れて計量する。粉類を袋ごと軽く振って混ぜてタッパーへ一度に加える。
2 ゴムベラで手早く混ぜ、粉が見えなくなればOK。
3 ゴムベラに生地を引っかけてゆっくりと伸ばす「ストレッチ」を、タッパーを回しながら6回する。
4 蓋をして室温に30分間おいたら、ストレッチを6回する(ストレッチのときは必ずタッパーを回して生地をまんべんなく伸ばす)。もう一度、室温に30分間おく。
5 生地をタッパーから出し(p.024、*15*〜*17*)、1つ130gに3分割する。

生地を手前からきつく巻き、巻き終わりをつまんでとじる。3つとも同じようにする。次に、両手のひらで転がして約23cmに伸ばす。

めん棒を使い、右端の約2cmを斜め上と下に伸ばして広げる。輪になるように、反対側の端を広げた部分にのせる。

伸ばした部分でのせた端を包み、まわりの生地をつまんでとじる。穴の直径が約2cmになるようにリング状に形を整え、とじ目を下にしてオーブンシートにのせる。

油(分量外)を薄くぬったラップをかけて冷蔵庫に入れ、15〜17時間発酵させる。

生地を冷蔵庫から出し、室温に120分間おく(*残り1時間になったら、オーブンに天板を入れて260℃で予熱する)。

深さのある鍋に約1.5リットルの湯を沸かし、90℃を保って砂糖とモルトパウダーを加える。90℃は底から細かい泡が出ている状態。

生地を逆さにして湯に入れ、オーブンシートをはがして30秒間ゆでる。

ひっくり返し、さらに30秒間ゆでる。このとき上になっている側が焼き上がりの面になる。

しっかり湯切りして引き上げたら、オーブンシートにのせる。

すぐに予熱したオーブンに入れ、260℃で20分間焼成する。一度に全部をゆでられないときは、ゆで上がったものから順にオーブンに入れて焼いていく。

コーヒーマーブルツイスト

コーヒーマーブルロール

コーヒーマーブルツイスト

同じ生地でも、仕立てによってがらりと表情が変わります。
こちらのツイストは、さっくりと歯切れのよい食感に。
あまりの人気ぶりで、撮影現場で取り合いになったほどです

材料

約20cm｜4本分

イーグル──170g
全粒粉──30g
インスタントドライイースト──0.5g
砂糖──30g
塩──3.6g
スキムミルク──10g
水──120g
米油──40g
インスタントコーヒー（フリーズドライ）──6g

焼成時
牛乳──少量
アーモンドスライス──適量

仕上げ用（アイシング）
粉糖──大さじ2〜3
水──適量

インスタントコーヒーとスキムミルク

準備

2日目
・刷毛とめん棒を用意する。
・オーブンを190℃で予熱する。

工程

1日目	
ミキシング	混ぜる→最後にコーヒー粉→ストレッチ（4回）
パンチ	室温（30分間）→ストレッチ（4回）×2セット
一次発酵	室温＋冷蔵庫（計17〜24時間）

2日目	
分割・成形	4分割（100g／個）→カットした穴にくぐらせる
最終発酵	室温（100分間）
仕上げ1	牛乳をぬり、アーモンドスライスをのせる
焼成	190℃（15分間）
仕上げ2	アイシングをかける

基本のブール（p.020〜021、1〜6）を参照。

1 水と米油はタッパーに、粉類はビニール袋に入れて計量する。粉類を袋ごと軽く振って混ぜてタッパーへ一度に加える。
2 ゴムベラで手早く混ぜ、粉が見えなくなればOK。

粉が見えなくなったら、生地の表面を広げてインスタントコーヒーを加える。ゴムベラに生地を引っかけてゆっくりと伸ばす「ストレッチ」を、タッパーを回しながら4回する。蓋をして室温に30分間おく。

30分後、2度目のストレッチを4回する。マーブル模様を出すため、生地は混ぜすぎないこと。蓋をして室温に30分間おく。

30分後、3度目のストレッチを4回する（ストレッチのときは必ずタッパーを回して生地をまんべんなく伸ばす）。そのまま室温においておく約1.6倍になったら冷蔵庫に移し、室温と合計で17〜24時間発酵させる。約1.8倍になれば発酵終了。

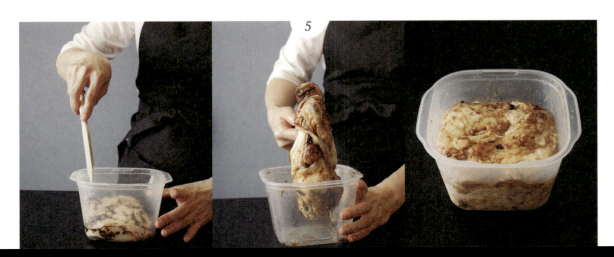

6 生地をタッパーから出して（p.024、15〜17）、全体に打ち粉をふる。カードで1つ100gに4分割する。

7 手前から生地を巻き、巻き終わりをつまんでとじる。4つとも同じようにする。

8 次に、両手のひらで転がして約13cmの棒状にする。

9 生地を縦に置き、めん棒で真ん中から、上と下に伸ばして長さ約16cmにする。両端を約1.5cmずつ残して、カードで中央部に切り目を入れる。

10 生地の端を、中央の穴に数回通してねじる。

11 オーブンシートにのせ、室温で100分間発酵させる（＊残り40分になったら、オーブンを190℃に予熱する）。

12 フィンガーテストをしたのち、刷毛で表面に牛乳をぬり、アーモンドスライスをのせる。

13 予熱したオーブンに入れ、190℃で15分間焼成する。

14 粉糖に少しずつ水を加えて、アイシングをつくる。ゆっくり落ちる固さになったら、完全に冷めたパンに線を描くようにかける。

コーヒーマーブルロール

前ページと同じ生地に、チョコとナッツ、コーヒーを散らして
香り高い、大人好みの味に仕上げました。
お好みでアイシングをかけても

材料

直径7cm｜ロール形｜6個分

＊生地はテーブルロールと同じ

イーグル―― 170g
全粒粉―― 30g
インスタントドライイースト―― 0.5g
砂糖―― 30g
塩―― 3.6g
スキムミルク―― 10g
水―― 120g
米油―― 40g
インスタントコーヒー（フリーズドライ）―― 6g

具材

コーヒー豆（細挽。入れなくてもよい）―― 2g
チョコチップ―― 30g
アーモンド（ホール）―― 30g

細挽コーヒー豆とチョコチップ、アーモンド

準備

1日目
・アーモンドは160℃のオーブンで10分間ローストし、粗くきざむ。

2日目
・アルミカップ（8号）6個と、めん棒を用意する。
・オーブンは200℃に予熱する。

工程

1日目	
ミキシング	混ぜる→最後にコーヒー粉→ストレッチ（4回）
パンチ	室温（30分間）→ストレッチ（4回）×2セット
一次発酵	室温＋冷蔵庫（計17～24時間）

2日目	
成形・分割	25cm四方に伸ばす→具材をのせて巻く→6分割→アルミカップにのせる
最終発酵	室温（100分間）
焼成	200℃（15分間）

1日目 コーヒーマーブルツイスト（p.099）と同じ

2日目

1 生地をタッパーから出して（p.024、15〜17）、全面に打ち粉をふる。めん棒で25cm四方に伸ばす。

2 コーヒー豆、チョコチップ、きざんだアーモンドは、向こう側の幅約1cmを除いて全面に散らす。まんべんなく散らしたら、手前から生地を巻いていく。

3 巻き終わりは生地をつまんでとじ、軽く転がして太さを均一にする。

4 カードで印を付けてから、目分量で6分割する。カットした部分がつぶれやすいので、断面を上にしてアルミカップにのせるときに指で開いて円く整える。室温で100分間発酵させる（＊残り40分になったら、オーブンに天板を入れて250℃で予熱する）。

フィンガーテストをしたのち、予熱したオーブンに入れ、200℃に下げて15分間焼成する。

5

アーモンドクーヘン

オレンジとクリームチーズの紅茶パン

きな粉と大納言

アーモンドクーヘン

香ばしいアーモンドがクセになる、おやつパンです。
サクッとした生地に、グラニュー糖のコントラストが楽しい。
細長いスティック状に切るのがおすすめです

材料

約27×20cm｜角形｜1個分

リスドォル——150g
イーグル——40g
アーモンドパウダー——20g
インスタントドライイースト——0.3g
砂糖——20g
塩——3.8g
水——120g
卵——25g
米油——10g

焼成時
アーモンドスライス——40g
グラニュー糖——6g

アーモンドスライスとグラニュー糖

準備

2日目
・めん棒と霧吹きを用意する。
・オーブンを180℃で予熱する。

工程

1日目	
ミキシング	混ぜる→ストレッチ（6回）
パンチ	室温（20分間）→ストレッチ（6回）×2セット
一次発酵	室温＋冷蔵庫（計17〜24時間）

2日目	
成形	約27×20cm
最終発酵	室温（40分間）
仕上げ	ピケして霧吹き→アーモンドスライスとグラニュー糖をふる
焼成	180℃（15分間）

1日目　基本のブール（p.020〜023、1〜13）を参照。

1　水、ほぐした卵、米油はタッパーに、粉類はビニール袋に入れて計量する。粉類を袋ごと軽く振って混ぜてタッパーへ一度に加える。
2　ゴムベラで手早く混ぜ、粉が見えなくなればOK。
3　ゴムベラに生地を引っかけてゆっくりと伸ばす「ストレッチ」を、タッパーを回しながら6回する。
4　蓋をして室温に20分間おいたら、ストレッチを6回する。これを2セット行なう（ストレッチのときは必ずタッパーを回して生地をまんべんなく伸ばす）。
5　そのまま室温において約1.8倍になったら冷蔵庫に移し、室温と合計で17〜24時間発酵させる。約2倍になれば発酵終了。

1　生地をタッパーから出して（p.024、15〜17）、全面に打ち粉をふり、めん棒で27×20cmに伸ばす。

2　オーブンシートに移し、室温で40分間発酵させる（＊オーブンを200℃に予熱する）。

フィンガーテストをしたら、生地全体をフォークで刺し（ピケ）、霧吹きで水をかける。アーモンドスライスを全体に散らし、グラニュー糖をふりかける。

予熱したオーブンに入れ、180℃で15分間焼成する。
4

冷めてから、好みのサイズにカットする。
5

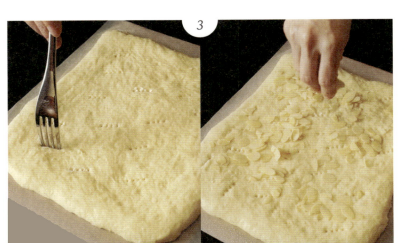

3

オレンジとクリームチーズの紅茶パン

紅茶入りのモチモチとした生地に、
オレンジとクリームチーズを合わせてみました。
不思議なほどすべてが一体となり、高級感が漂います

材料

直径約7cm｜マフィン型｜6個分

イーグル── 200g
インスタントドライイースト── 0.5g
砂糖── 20g
塩── 3.5g
アールグレイの茶葉── 小さじ2
水── 150g
米油── 20g

具材
クリームチーズ（好みのもの）── 100g
きざみオレンジピール── 50g

仕上げ用
オレンジ煮*── 6枚
アプリコットジャム、ピスタチオ── 各適量

クリームチーズとオレンジピール、
アールグレイの茶葉

準備

1日目
・オレンジ煮をつくる。
・アールグレイの茶葉は、ミルで挽くか、
　あたり鉢ですってできるだけ細かくする。

2日目
・クリームチーズは室温にする。
・めん棒、マフィン型（内径約7cm）、グラシン紙、刷毛（できればシリコン製）を用意する。
・マフィン型にグラシン紙を敷き込む。
・オーブンに天板を入れて250℃に予熱する。

*オレンジ煮のつくり方

①オレンジ1個（型の直径に近いサイズ）は皮付きのまま厚さ3〜4mmの輪切りにする。②厚手の鍋に並べてグラニュー糖20gとひたひたの水を加えて弱火にかける。③煮立ったら追加でグラニュー糖20gを加え、アルミホイルの落し蓋をして弱火で煮る。④皮の白い部分が色づいてきたら火からおろす（色づく前に水分がとんだら、水を足す）。そのままひと晩おいて味をなじませる。

工程

1日目

ミキシング	混ぜる→ストレッチ（6回）
パンチ	室温（20分間）→ストレッチ（6回）×2セット
一次発酵	室温＋冷蔵庫（計17〜24時間）

2日目

成形・分割	25cm四方に伸ばす→フィリングをのせて巻く→6分割→マフィン型へ
最終発酵	室温（90分間）
仕上げ1	オレンジ煮をのせる
焼成	210℃（15分間）
仕上げ2	アプリコットジャムをぬり、きざんだピスタチオをふる

基本のブール（p.020〜023、1〜13）を参照。

1　水と米油はタッパーに、粉類と茶葉はビニール袋に入れて計量する。粉類を袋ごと軽く振って混ぜてタッパーへ一度に加える。

2　ゴムベラで手早く混ぜ、粉が見えなくなればOK。

3　ゴムベラに生地を引っかけてゆっくりと伸ばす「ストレッチ」を、タッパーを回しながら6回する。

4　蓋をして室温に20分間おいたら、ストレッチを6回する。これを2セット行なう（ストレッチのときは必ずタッパーを回して生地をまんべんなく伸ばす）。

5　そのまま室温において約2.2倍になったら冷蔵庫に移し、室温と合計で17〜24時間発酵させる。約2.5倍になれば発酵終了。

生地をタッパーから出して (p.024、15〜17) 全面に打ち粉をふり、めん棒で25cm四方に伸ばす。中心から上下左右に均等に伸ばしていく。

クリームチーズは向こう側の幅約1cmを残して全面にぬる。ある程度の小分けにして置いてから、少しずつ広げると生地を傷めにくい。次にオレンジピールを全体に散らす。

生地を手前から巻く。カードなどで支えながら進めると巻きやすい。巻き終わりは生地を指でつまんでとじる。

軽く転がして太さを均一にして、カードで印をつけてから、目分量で6分割する。断面を上にしてグラシン紙を敷いたマフィン型に入れる。カットした部分がつぶれるので、指で開いて円く整える。室温で90分間発酵させる（＊残り1時間になったら、オーブンに天板を入れて250℃で予熱する）。

フィンガーテストの後、生地の上に水けを軽くふきとったオレンジ煮をのせる。生地よりオレンジが大きいときは、ハサミで半径の長さに切り込みを入れ、生地の大きさに合わせて切り目を重ねて調整する。予熱したオーブンに入れ、210℃に下げて15分間焼成する。

焼き上がったらすぐに型から出す。熱いうちに少量の湯（分量外）でのばしたアプリコットジャムをオレンジ煮の上にぬり、きざんだピスタチオを散らす。

きな粉と大納言

大納言が生地の中心に入っていたら、うまく成形できた証。
きな粉の香りがどこか懐かしく、郷愁を誘う味です。
あんこや栗の甘煮、甘納豆などの和素材もよく合います

材料

約18cm | 4本分

イーグル —— 160g
きな粉 —— 30g
インスタントドライイースト —— 1g
砂糖 —— 25g
塩 —— 3.5g
スキムミルク —— 10g
水 —— 130g
米油 —— 15g

具材、焼成時
大納言の蜜煮 —— 80g
きな粉 —— 適量

大納言の蜜煮ときな粉

準備

2日目
・キャンバス地を端から2cm幅で2回折り、折った両端をクリップで止めて板にのせる。
・オーブンを200℃で予熱する。

工程

1日目

ミキシング	混ぜる→ストレッチ（6回）
パンチ	室温（20分間）→ストレッチ（6回）×2セット
一次発酵	室温＋冷蔵庫（計17〜24時間）

2日目

分割・成形	4分割→大納言を包む→15cm棒状
最終発酵	室温（60分間）
仕上げ	カーブつける→きな粉をふり、菜箸で穴を開ける
焼成	200℃（15分間）

＊詳しい成形はp.119へ

基本のブール（p.020〜023、1〜13）を参照。

1　水と米油はタッパーに、粉類はビニール袋に入れて計量する。粉類を袋ごと軽く振って混ぜてタッパーへ一度に加える。

2　ゴムベラで手早く混ぜ、粉が見えなくなればOK。

3　ゴムベラに生地を引っかけてゆっくりと伸ばす「ストレッチ」を、タッパーを回しながら6回する。

4　蓋をして室温に20分間おいたら、ストレッチを6回する。これを2セット行なう（ストレッチのときは必ずタッパーを回して生地をまんべんなく伸ばす）。

5　そのまま室温において約1.6倍になったら冷蔵庫に移し、室温と合計で17〜24時間発酵させる。約1.8倍になれば発酵終了。

1　生地をタッパーから出して（p.024、15〜17）カードで1つ94gに4分割する。生地を軽く左右に伸ばす。

2　生地の中央に、横一文字に大納言をのせる。向こう側から生地を二つ折りにして、右から左へと合わせ目をとじる。左手の親指で大納言を押さえながら進めると、はみ出さず、中心に収まる。

3　軽く転がして15cmほどに伸ばし、キャンバス地にのせる。室温で60分間発酵させる（*オーブンを200℃に予熱する）。

4　オーブンシートに移し、生地の両端をそっと動かしてカーブをつける。茶こしできな粉をふるい、箸で数カ所の穴をあける。予熱したオーブンに入れ、200℃で15分間焼成する。

生地の丸めと成形

丸形（大）［ブールなど］

生地の中心に左手の親指をおき、正面（向こう側）の生地を、中心部の左手親指を越える位置まで持ってくる。左手の親指は生地が戻らないよう軽く添えるだけで、押さえないこと。

持ってきた生地に親指を添えたまま、反時計回りに少しずつ生地を回して、真正面の生地を中心に持ってくることをくり返す。

一周したら、中心の生地を指先でつまんでとじる。

バゲット形 ［バゲット、エピなど］

▶動画を見る https://youtu.be/-avHOsiBMhs

生地全体に打ち粉をして、合わせ目を上にする。軽く左右に伸ばして横長にして台に置く。手前から1/3を折り、端から2mm内側の位置を指先で押す。右から左へと進める。

向こう側からも生地を折り、先ほど押さえたところに少し重なるように、端から2mm内側を指先で押す。同じように右から左へ進める。

生地の中心線に左手の親指を置く。外側の生地を張らせるように左手の人さし指を添えながら、向こう側から二つに折る。

向こう側から持ってきた上の生地が、下より2mm手前に出るようにする。右手の付け根で生地の端をとじるとき、右手を少し手前に引くようにして端から2mmの位置を押す。右から左へと進める。

両手のひらで全体を転がして太さをそろえ、とじ目を上にする。両端をつまんでとじて、形を整える。

生地の移動 1［バゲットなど細長い生地］

▶バゲット形動画参照

とじ目を上にして、両手の人さし指をとじ目に沿わせて持つ。そのまま手首ごと返して、とじ目を下にしてキャンバス地にのせる。指を添えておくことで細長くやわらかい生地が大きく歪むのを防ぐ。横にダレたり、生地同士が付かないように布を寄せて支える。

生地の移動 2 ［生地とり板の使い方］ ▶バゲット形動画参照

キャンバス地のクリップで留めた側を左にして、生地を縦に置く。クリップをはずして、生地を半回転させて生地とり板にのせる。次に、逆に半回転させて（元に戻して）オーブンシートに移す。最後に左側を手前にすると、成形時と同じ向きになる。

たわら形 ［生地をやすませるときなど］ ▶バゲット形動画参照

生地を縦長に置き、手前からゆるく生地を巻く。巻き終わったら90度向きを変える。

巻き終わりを上にして、ゆるくひと巻きし、巻き終わりを下にする。太さを均一にすることが重要で、左右の太さがそろわないときは、向きを変えてもうひと巻きする。

円柱形［きな粉と大納言など］

生地は軽く横に伸ばして、横長にして置く。中央の横一文字に大納言をのせ、生地を向こう側から二つ折りにして大納言を包む。

二つ折りにして、上の生地が下より2mm手前に出るようにする。右手を手前に引くようにして、手の付け根部分で生地の端を押さてとじる。右から左へと進める。このとき左手の親指で、大納言を向こう側に押すようにすると外にはみ出さず、生地の中心に収まる。

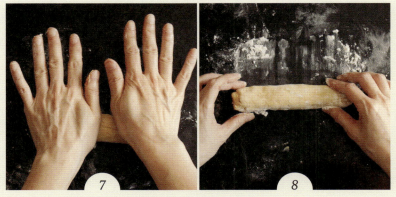

両手のひらで軽く転がし、両端をつまんでとじて、形を整える。

長丸形（小）1 ［マカダミアナッツとショコラのプチパン］

生地は手前から1/3を折り、端から2mm内側を軽く指で押さえる。向こう側からも生地を折り、先ほど押さえたところに少し重なるように、端から2mm内側を指先で押す。

もう一度、向こう側から二つ折りにして、上の生地が下より2mm手前に出るようにする。生地の端をとじるときは、右手を手前に引くようにして、手の付け根部分で生地の端を押す。右から左へ進める。

両手のひらで全体を軽く転がして、とじ目を上にする。両端をつまんでとじて、形を整える。

長丸形（小）2 ［プチパン（クープが開きやすい成形）］

生地の角が正面（向こう側）になるように置き、手前に向けて二つ折りにする。上になった生地の端に両手の親指を沿わせて、上の生地だけを向こう側にぐっと押して外側の生地を張らせる。

もう一度、向こう側から二つ折りにして、手の付け根部分で、生地の端を押してとじる。やりにくければ指先で押してとじてもよい。右から左へ進める。

軽く転がして形を整え、気泡が外に出ていたら指でつまんでつぶす。とじ目を下にする。

その他の道具と材料

デジタルスケール …a
パンづくりはドライイーストなど微量の材料が含まれるため、0.1g単位で計量できるデジタルスケールを使ってください。微量の計量に特化した、スプーン型スケールなども市販されています。

ボウル、ふきん、茶こし …b
直径15cmを使います。基本のブールと丸形のパン（大）の成形・最終発酵には、15cmボウルにふきんをかけ、茶こしで打ち粉をふります（バヌトンを使う場合も、同様にふきんをかけてから打ち粉をふってください）。

カード（ドレッジ、スケッパー）、ゴムベラ …c
ゴムまたはシリコン製のものが適度にしなり、使いやすいです。生地の分割や「ストレッチ」には、やわらか過ぎるものより、ある程度ハードなものが向いています。

刷毛、めん棒、ハサミ …d
溶き卵を表面にぬるときは天然材または化学繊維の刷毛を、焼き上がりにジャムなどをぬるときはシリコン製の刷毛が向いています。どちらか1種で代用しても問題ありません。めん棒は、木製のものが適度な重さと太さがあって使いやすいです。ハサミは一般的な文具を使用しています。

全粒粉、ライ麦粉 …e
全粒粉はパン用強力粉を、ライ麦粉は中挽（ヘルゴラント・鳥越製粉）を使用しています。

バター、油脂類 …f
バターはよつ葉バター（食塩不使用／よつ葉乳業）を使っています。米油（サラダ油でも可）、オリーブオイルは好みのものをお使いください。

ドライフルーツ類 ...g

ドライフルーツは水に10〜20分間浸け、ザルにあげてよく水きりしてから使います。ふっくらさせることと、生地になじませることが目的です。熱湯に浸けるとうまみが流れ出てしまうので、必ず水に浸けてください。オレンジピールとドライフィグは水に浸けず、そのまま使用します。

ナッツ類 ...h

ナッツ類はできればローストしていない生のものを求め、160℃のオーブンで10分間ローストした後、10〜20分間水に浸け、ザルにあげてよく水きりしてから使います。焼きたてのナッツを水に入れると湯に変わるので、ナッツとドライフルーツを合わせて使うときはナッツが冷めるのを待つか、別々に水に浸けましょう。

チョコレート、コーヒー、茶葉類 ...i

チョコレート、コーヒー、紅茶（茶葉）は好みのものをご使用ください。チョコレートは製菓用であれば、ブランドや形状は問いません。コーヒーはインスタント（フリーズドライ）と豆挽き（細かく挽いたもの）があるので区別して使います。また、紅茶葉のみ、とくに軽いのでレシピを重さ（g）ではなく体積（小さじ）で記載しています。

水と塩

水は水道水、またはミネラルウォーターを使います。夏は冷やして、それ以外は常温にします。常温とは触ってみて「冷たくない・温かくない」温度のことです。

　高加水パンは水分の一部に硬水を使うことがありますが、その理由は硬水に含まれるカルシウムやマグネシウムが生地を扱いやすくするためです。本書のレシピは、日本の水道水（軟水）でもつくりやすい配合にしていますが、ミネラルウォーターを使うときは硬度やミネラル分を確認してください。

　同じ理由から、塩は精製塩ではなく、ミネラルが多く含まれるもの（海水由来など）がおすすめです。

本書掲載のパン 工程一覧表

＊「ミキシング」は、材料を混ぜたあとのストレッチの回数。
＊「ストレッチ」は、生地をやすませる時間とストレッチの回数。
＊「一次発酵」は、室温と冷蔵庫で発酵させる時間の合計（ベーグルは冷蔵庫のみ）。
＊「最終発酵」は、室温（24℃）と発酵器（35℃）を使う場合の両方を記載。
＊「焼成」のmaxは、そのオーブンの最高温度。

パン名	ミキシング	ストレッチ	
ブール	4回	20分→4回→20分→4回	
バゲット	4回	20分→4回→20分→4回	
プチパン	4回	20分→4回→20分→4回	
カシューナッツとチーズのブール	3回→具を入れて5〜6回	20分→5〜6回→20分→5〜6回	
オニオンとコーンのエピ	4回	20分→4回→20分→4回	
マカダミアナッツとショコラのプチパン	3回→具を入れて5〜6回	20分→5〜6回→20分→5〜6回	
カンパーニュ	10回	20分→10回→20分→8回→20分→5回	
カンパーニュ・フリュイ	4回→皮120g／残り330g具を入れて6〜8回	20分→皮4〜5回／具6〜8回→20分→皮4〜5回／具6〜8回	
ロデヴ	4回	20分→4回→20分→4回→20分→4回	
ペイザン	4回	20分→4回→20分→4回→20分→4回	
リュスティック	4回	20分→4回→20分→4回→20分→4回	
バターロール	6回	20分→6回→20分→6回	
テーブルロール	6回	20分→6回→20分→6回	
白パン	6回	20分→6回→20分→6回	
フォカッチャ	5回	20分→5回→20分→5回	
ベーグル	6回	30分→6回→30分（→分割・成形）	
コーヒーマーブルツイスト	混ざったら、コーヒーを入れて4回	30分→4回→30分→4回	
コーヒーマーブルロール	混ざったら、コーヒーを入れて4回	30分→4回→30分→4回	
アーモンドクーヘン	6回	20分→6回→20分→6回	
オレンジとクリームチーズの紅茶パン	6回	20分→6回→20分→6回	
大納言	6回	20分→6回→20分→6回	

一次発酵	膨倍率	分割	ベンチタイム	最終発酵		焼成	シート／スチーム	焼成後サイズ
				室温（24℃）	発酵器（35℃）			
17～24時間	2倍	−	−	120分	60分	max5分→240℃ 25分	○／○	18cm
17～24時間	2倍	221g×2個	15分	60分→冷蔵庫20分	30分→冷蔵庫20分	max5分→240℃ 15分	○／○	30cm
17～24時間	2倍	73g×6個	10分	100分	50分	max5分→240℃ 10分	○／○	12cm
17～24時間	2倍	−	−	120分	60分	max5分→240℃ 25分	○／○	17cm
17～24時間	2倍	221g×2個	15分	60分	30分	max5分→240℃ 15分	×／○	29cm
17～24時間	2倍	92g×6個	−	100分	50分	max5分→240℃ 10分	○／○	12cm
17～24時間	2倍	−	−	60分	30分	max5分→240℃ 25分	○／○	24cm
17～24時間	2倍	皮60g×2個／具入り215g×2個	−	120分	50分	max5分→240℃ 20分	○／○	19cm
17～24時間	2倍	4等分	−	100分	50分	max5分→250℃ 15分	○／○	12cm
17～24時間	2倍	−	−	120分	30分	max5分→260℃ 20分	○／○	22cm
17～24時間	2倍	4等分	−	60分	30分	max5分→260℃ 13分	○／○	10cm
17～24時間	1.8倍	65g×6個	15分	70分	40分	180℃ 15分	×／×	10cm
17～24時間	1.8倍	65g×6個	−	70分	40分	180℃ 15分	×／×	8cm
17～24時間	1.8倍	74g×5個	10分	70分	40分	180℃ 5分→160℃ 10分	×／×	10cm
17～24時間	2倍	−	−	100分	60分	240℃ 20分	×／×	26cm
15～17時間（冷蔵庫）		130g×3個（一次発酵前）	−	120分	60分	ボイル→260℃ 20分	×／×	12cm
17～24時間	1.8倍	100g×4個	−	100分	50分	190℃ 15分	×／×	20cm
17～24時間	1.8倍	6等分	−	100分	50分	200℃ 15分	×／×	7cm
17～24時間	2倍	−（27×20cm）	−	40分	20分	180℃ 15分	×／×	27×20cm
17～24時間	2.5倍	6等分	−	90分	45分	210℃ 15分	×／×	7cm
17～24時間	1.8倍	94g×4個	−	60分	30分	200℃ 15分	×／×	18cm

本書掲載のパン ベーカーズパーセント

粉の合計量を100としたときの、その他の材料の比率（%）。
例：小麦粉100%・インスタントドライイースト0.3%・塩1.8%・水73%

上記の配合のパンを小麦粉250gでつくるときの材料の算出法。

小麦粉（100%）	250g（1×250）	→簡易版（100×2.5）
インスタントドライイースト（0.3%）	0.75g（0.003×250）	〃（0.3×2.5）
塩（1.8%）	4.5g（0.018×250）	〃（1.8×2.5）
水（73%）	182.5g（0.73×250）	〃（73×2.5）

パン名	リスドォル	イーグル	全粒粉	ライ麦粉	他粉	イースト	砂糖	塩	スキムミルク
ブール／バゲット／プチパン	92	8				0.2		1.8	
カシューナッツとチーズのブール	92	8				0.2		1.8	
オニオンとコーンのエピ	92	8				0.2		1.8	
マカダミアとショコラのプチパン	92	8				0.2		1.8	
カンパーニュ	48	30	11	11		0.2		1.8	
カンパーニュ・フリュイ	48	30	11	11		0.2		1.8	
ロデヴ	70	30				0.2		2	
ペイザン	70	10	20			0.25		2	
リュスティック	80	20				0.2		1.8	
バターロール／テーブルロール		100				0.5	10	1.8	5
白パン		100				0.5	13	1.8	5
フォカッチャ		100				0.2		1.8	
ベーグル		100				0.1	4.5	1.8	
コーヒーマーブルツイスト		85	15			0.25	15	1.8	5
コーヒーマーブルロール		85	15			0.25	15	1.8	5
アーモンドクーヘン	71	19			アーモンド粉10	0.14	10	1.8	
オレンジとクリームチーズの紅茶パン		100				0.25	10	1.75	
大納言ときな粉		84			きな粉16	0.5	13	1.8	5

水	卵	油脂分	モルト	その他									
74			1.2										
74			1.2	カシューナッツ	40	ピザ用チーズ	20	黒コショウ	1.2				
74			1.2	タマネギ	20	コーン	8						
74			1.2	マカダミアナッツ	24	チョコレート	20						
83			1.3										
83			1.3	ドライフィグ	22	ドライクランベリー	9	ドライカレンズ	7	オレンジピール	7	アーモンド	9	赤ワイン	35
78			1.3										
83			2.5										
76			2										
60	13	溶かしバター10											
68		米油8											
95		オリーブオイル5											
68			4.5										
60		米油20		インスタントコーヒー	3								
60		米油20		インスタントコーヒー	3	チョコチップ	15	アーモンド	15	コーヒー豆（粉）	1		
57	12	米油5		アーモンドスライス	19	グラニュー糖	3						
75		米油10		クリームチーズ	50	オレンジピール	25						
68		米油8		大納言	42								

松尾美香

自家製酵母パン教室「Orangerie」主宰。
ル・コルドンブルー東京校でディプロマ取得。さまざまな実力派ブーランジュリーのシェフに師事、研修を重ねる。
パン教室の生徒数はのべ13,000人超（2024年12月現在）。とくにオンラインスクール・通信講座は、写真を見せるだけでパンづくりの課題解決や改善点がわかると、国内はもとより海外からも受講生が集まるほどの人気ぶり。また、プロ向けのレシピ開発・提供や、Orangerieのレシピを使ったパン教室を国内外に展開するなど多方面で活躍中。
著書に『日本一やさしい本格パン作りの教科書』（秀和システム）、『本格パン作り大全』（世界文化社）など。
公式サイト：https://orangerie-brave.com/
YouTube：https://www.youtube.com/@MikaMatsuo/
Instagram：https://www.instagram.com/mika_matsuo/

タッパーではじめる高加水パン
ハード系からソフト＆甘いパン。全21品

初版印刷　2025年1月5日
初版発行　2025年1月20日

著者
©松尾美香

発行者
丸山兼一

発行所
株式会社柴田書店
東京都文京区湯島3-26-9 イヤサカビル
電話　営業部　03-5816-8282（注文・問合せ）
　　　書籍編集部　03-5816-8260
URL　https://shibatashoten.co.jp/

印刷・製本
公和印刷株式会社

本書掲載内容の無断掲載・複写（コピー）・引用・データ配信等の行為は固く禁じます。
乱丁・落丁本はお取替えいたします。

ISBN978-4-388-06386-4
Printed in Japan
©Mika Matsuo 2024